「親しい関係から
なぜか離れたい」がなくなる本

喪失や悲しみから心を守る「自己防衛の戦略」の功罪

イルセ・サン
枇谷玲子 訳

ディスカヴァー
携書
234

はじめに

私は牧師として、また後に心理セラピストとして活動するなかで、人間関係でつらい体験をしてきた人、もしくは愛情溢れる人間関係を築けたことが一度もない人と、対話してきました。

愛と自己防衛について講演も行ってきたのですが、そこで人間関係を築く際、また今ある関係を続ける際、どのような心の機制が働いているのかを知りたい、という声が多く上がりました。

この本には、私たちがどのようにして自己防衛の戦略をとるようになるのか、それらの戦略が良好で親密な人間関係を築く妨げになるのはどんなときか、どのようにしたら不適切な戦略をとらずに済むのかが書かれています。

無用な鎧《よろい》を脱いだありのままの姿で、今この瞬間に意識を向けることで、深く有意義な人間関係を築けると気づいたとき、私の胸は熱くなりました。

私自身が読んだ文献は、すべて専門書でした。一方、この本はあらゆる方々に理解していただけるよう、平易な言葉で書いたつもりです。しかし有名な心理学の理論や、長年のセラピーで実証済みの確かな情報に基づいていることに変わりありません。

この本に出てくる具体例の大半は、心理療法を学ぶ人たちが研究したり、実際のセラピーで利用したりできるように挙げたものです。それらの例には、私が実際のセラピーで耳にした話も含まれます。クライアント本人の許可を得て、実名を使っている箇所もあれば、匿名にしている箇所もあります。

クライアントにも私自身にも確かな変化をもたらしたそれらの知識が、専門書を読んだり心理セラピーに実際に通ったりする人たちよりもさらに広い層に届き、役立つよう願っています。

イルセ・サン

※本書は2017年に小社より出版された『心がつながるのが怖い 愛と自己防衛』を携書化し、再編集したものです。

「親しい関係からなぜか離れたい」がなくなる本

喪失や悲しみから心を守る「自己防衛の戦略」の功罪

目次

第4章　愛情に満ちた人生への扉を閉ざしてしまう不幸なパターン

第5章　親を理想化することの危険

第7章　不適切な自己防衛の戦略をとり除く

第8章　本来の自分に戻る

プロローグ

世の中のすべての人が、他者と愛情に満ちた親密な関係を築けるわけではありません。パートナーが見つからない人も、愛情や思いやりに欠けたパートナーと人生を共にせざるをえない人も、本当に大勢います。それはいったい、なぜでしょう。

答えはいろいろ考えられますが、ひとつには、私たちが自分自身をあざむき、自分を守ろうとする戦略をとり、愛に自らストップをかけてしまっていることが挙げられます。

そのような自分を守ろうとする戦略については、心理セラピーに詳しい人なら誰でも知っていることでしょう。私が出会ってきたクライアントの多くは人生から目をそむけるため、また自身の心（感情、思考、認知、願望）に鈍感になるため、さまざまな戦略をとり、他者と距離を置こうとしていました。

これまで、そうした戦略はいろいろな名前で呼ばれてきました。たとえばフロイトはこれを、「防衛機制」と呼びました。認知療法では、これと同じことを指す「コーピング」という概念が、しばしば用いられます。

デンマークの哲学者セーレン・キルケゴールはフロイトより半世紀以上前、すでにこの現象について、「人間は自己の認識を鈍らせる能力を持つ」と書いています。ただし、実際にどう鈍らせるのかまでは触れていません。それについては、現代の私たちのほうがよく知っているといえるでしょう。

私はこの本のなかで、鈍感になろうとしたり、他者や自身の内面と距離を置いたりする措置を、「自己防衛の戦略」と呼ぶことにします。この言葉は、他者または自身の内面、現実世界に近づかないよう、私たちが意識して、もしくはしばしば無意識にとる行動全般を指します。

禁煙をするのも海で救命胴衣を着るのも自己防衛といえますが、この本で扱う自己防衛は、そういった広義の意味での自己防衛は含まず、現実と距離を置くためにとられる戦略および、有益にも有害にもなりうる戦略に限ります。

感情が高ぶっているときに周囲と距離を置くのは、自己防衛の戦略として適切です。ところが自身の人生を生きるなかで、無意識に自己防衛の戦略をかたくなにとるようになると、問題が生じます。

自分自身の内面と必要以上に距離を置くことで、生活の質と生きる意欲が減退してしまうのです。また現実の人生と距離を置くことで、周りがはっきり見えなくなり、人生の舵を切るのが難しくなります。

自己防衛の戦略としては、たとえば空想力を使って自分自身または他人の人生が実際よりもよく、もしくは悪く見えるよう、外界の現実を再構築することなどが考えられます。また、自分自身のことを感じるのを避けるため、深く息を吸わないようにするといった身体的なことも含まれます。

自己防衛の戦略は、過去のあるときには困難を打開する上で賢明な策だったのでしょう。しかし、幼少期にしょっちゅう自己防衛の戦略をとらなくてはならなかった人は、成人してからも過度に自己防衛してしまい、自分自身とも他者とも良質な心の交流ができなくなります。心を開き、愛情に満ちた関係を築くチャンスを逃してしまうのです。

この本を読んだ皆さんには、まず自分自身の自己防衛の戦略に目を向けるようになっていただけたらと思います。そして、それらの戦略のうちのいくつかをやめる選択をすることで、人生が豊かになるかどうか、考えてみてほしいのです。

皆さんが自分自身との距離、また他者との距離、そして自らの人生との距離を縮めることを願っています。そうすることで、自分は今生きているのだとより強く実感し、人生を楽しめるようになるでしょう。

第1章

自己防衛の戦略とはどのようなものか

この本のなかで私が焦点を当てる「自己防衛の戦略」とは、自己の内面や他者、現実の社会生活と距離を置くための措置です。私がこの本で「自己防衛の戦略」という言葉を使うときには、毎回、この措置を指すと考えてください。

自己防衛の戦略の具体的な例は次のようなものです。

ハンネは就職面接で落ちてしまいました。もちろん悲しくなりましたが、悲しみと向き合う気力がすぐには湧いてきませんでした。そこで現実を忘れるため、家でスリラー映画を観ることにしました。こうして現実と距離を置き、休息をとることができました。

ハンネがその後どこかの時点で、悲しみと向き合い受け止める時間と機会を見つけ、再び100%今を生きられるようになれさえすれば問題ありません。

ところが厄介な感情に対処するのに用いられる戦略が現実と距離を置くことしかないとなると、話は別です。ハンネはリラックスして自分の感情と向き合う時間をとり、心の平穏を取り戻す必要があるのです。

そうすることができないと、永久に自己と距離を置きながら生きることになり、ストレスを感じ、生きる活力を失いかねません。
自身の感情と自ら距離を置いてしまったと本人が認識していないのなら、問題は改善されることなく、むしろ深刻化してしまうでしょう。

自己防衛の戦略のほとんどは、幼少期の早い段階でとられるようになります。この戦略は、困難のさなかにいる小さな子どもがとれる手段のなかでは最良のものです。ところが子ども時代の危機と近い状況に大人になって陥ったときにまで、無意識にこの戦略をとるようになったら、どうでしょう。

具体的な例を示します。

インガーの母親は彼女を育てているとき、苦況にあり、自身の痛みをインガーにしょっちゅう伝えました。幼いインガーにとって、それを聞かされるのは苦痛でした。子どもは大人の苦しみを受け止めきれませんし、保護者が困っているのを目の当たりにすると恐怖を感じるものです。そこでインガーは幼いながら、母親の注意を別のことに向けるため、まったく別の話題を切り出すという戦略をとるようになりました。

大人になり母となったインガーは、子どもたちが困ったことがあっても、自分に話してくれないのはどうしてか不思議に思うようになりました。子どもたちに理由を尋ねると、「話したことはあるけど、毎回、話題を変えられちゃうんだもん」という答えが返ってきました。

子どもとの会話を録音し、後から聴いてみたインガーは、近しい人の危機や悲しみを感じたり、耳にしたりするたび、話題を変えたいわけではないのに、変えてしまうことに気づきました。

そのような自己防衛の戦略を知らず知らずのうちにとることが、深い人間関係を築く妨げになることがあります。

かつて自身の精神の健康を守っていた行動パターンが、現在、子どもとの信頼関係を築く障壁となっていることを認め、見つめることではじめて、彼女は先へ進み、自身の戦略を変える選択ができるのです。

自己防衛の戦略は本来非常事態を切り抜けるためのものだった

自己防衛の戦略は、非常事態を切り抜けるため、しばしばとられます。

小さい頃、アンナは両親の気を惹こうとしました。ところが返ってきたのはネガティブな反応ばかり。「うるさい子だね」と言われたり、ストレスに満ちた不快そうな視線を向けられたりしたのです。

成長過程で「注目を集める」という健康的な能力を伸ばし、磨くのをあきらめなくてはならなかったのは、アンナにとって苦しいことでした。

幼いアンナは想像力を懸命に働かせ、別の措置をとることにしました。保護者と緊密な愛着関係を築けるかどうかは子どもに大きな影響を与えます。アンナは両親が注目してくれないのなら、反対に自分が両親に注目すれば、うまくいくことに気づきました。

注目してほしいと思ったときは、新聞を読むお父さんの隣に座り、「何を読んでいるの?」

と尋ねるのです。するとお父さんはたいてい、嬉しそうにしてくれました。アンナはお父さんにくっついて、その温もりを感じることができました。保護者と愛着関係を築けるかどうかは、子どもにとって死活問題なのです。

大人になってからもアンナは感情を表に出さず、他者に注目を傾ける能力を伸ばしていきました。この能力は備えておくと役に立ちます。問題は、自分自身が注目を浴びたいという心の叫びに、彼女がほとんど気づいていないところです。

アンナは人と一緒にいる必要性を感じるときはたいてい、友人を誘って、コーヒーを飲みに行きます。そしてこう尋ねます。「最近どう?」

人はこう聞かれるとたいてい、嬉しくなっていろいろ話したくなるものです。延々と話し続ける友人を前に、アンナのいら立ちとフラストレーションが溜まっていきます。でもその理由を本人はわかっていません。

こんなふうにアンナは気づかないうちに、子ども時代に身につけた非常事態措置をとってしまうのです。今では注目を浴びたいという欲求は感じません。たとえ頭にふと浮かんでも、すぐに打ち消し、非常事態措置をとります。

注目を浴びたいという自身の欲求にどう向き合っていいかがわかれば、行動パターンを変えられるでしょう。次に友人とお茶をするときには、意識を変えて、自分のことをもっと話すことができるかもしれません。

これは痛みを伴わない容易なことに思えるかもしれません。でも、そんなことはありません。自分が非常事態措置をとっていること、注目してほしいという欲求を無視してきたことに気づいたら、アンナは悲しくなるでしょう。

欲求を満たすのをあきらめるようになった原因である、子ども時代の出来事の記憶がよみがえってくるかもしれません。非常事態措置をとるのをやめてしばらくは、他人と関わると、無力感と不安を覚えるでしょう。新たな関わり方を覚えるまでは、そうした感情を味わうことになります。

一時的な措置としての自己防衛は役に立つし悪いものではない

次に自己防衛とはどんなものか、またどのようなときに自己防衛がとられ、再び安全な環境に戻れるのか、例を示します。

6歳のイェスパーは朝、通学かばんを背負い、「行ってくるね」と母親に手を振り、学校に向かいました。通学路で彼が上級生の男子2人に微笑みかけながら、その横を走り抜けようとしたそのとき、1人の子がわざと足を出しました。イェスパーはつまずいて転び、膝から血が出てしまいました。上級生の2人は「弱虫」と笑うと、背中を向け、行ってしまいました。

イェスパーの唇が震えます。一瞬、お母さんの待つ家へ走って帰ろうかと考えました。でもその迷いに友だちに会いたい気持ちがまさり、学校に行くことにしました。でも楽しい気分では、もはやありませんでした。上級生の行動にショックを受けていたのです。膝小僧もずきずきします。

学校に着いてからも、気持ちは沈んでいました。イェスパーは朝の出来事は忘れ、今起きていることに集中しようとしました。自身の恐怖心から距離を置き、感情に鈍感になるようにします。

休み時間、見守りボランティアのベンテが、「イェスパー、元気？」と声をかけ、首を傾げ、同情の目で見てきたとき、イェスパーは困ってしまいました。涙がこみ上げてきましたが、感情が溢れ出すのをぐっとこらえました。「元気だよ」とだけ言って、それ以上ベンテと話すのを避け、そそくさとその場を後にし、ボール遊びに加わりました。別に特に遊びたいわけではないのに。

家に帰ると、お母さんがいなかったので、イェスパーはコンピュータ・ゲームをはじめました。しばらくして、お母さんがドアから入ってくる音がしました。

「お帰り、イェスパー」というお母さんの声を聞いた途端、イェスパーはわっと泣き出しました。お母さんは部屋に入ってきて、イェスパーを膝の上に乗せてくれました。そしてイェスパーが上級生にされたこと、転んでとても痛かったこと、ひどく怖い思いをした話を聞いてくれました。それからイェスパーの膝を水で洗い、絆創膏を貼ってくれました。

イェスパーはすぐに元気になり、また友だちと遊びたいと思えるようになりました。自分の感情に再び寄り添い、遊びたいという欲求を感じ、楽しい時間を過ごせるようになったのです。

イェスパーは恐ろしい体験をした直後は、自分の感情と距離を置いていました。学校では一日中、涙をこらえるので必死でした。その間はある意味、人生を無駄にしたといえます。転んでからお母さんと話すまでは、自分自身や自分の痛みや喜び、遊びたいという願望と向き合わずにいたからです。ロボットみたいに、ただ適応しようとするばかりでした。

一方で、不快な出来事を受け入れて状況を理解するのを確実に手助けしてくれる母親が待つ、100%安全な環境に戻るまで、自分の感情と向き合うのを待ったのは賢明な選択でもありました。場所や時間、相手を選ばずに感情を露わにするのは、賢明ではありません。

イェスパーがもしも校庭にいたベンテに、感情のおもむくまま思いを打ち明けていたなら、彼女から軽蔑したような目つきで「しっかりなさい」と言われるということの上ない苦痛を味わい、一層落ち込む羽目になったかもしれません。

お母さんと話す前、イェスパーにできたのは、上級生とのトラブルを一時的になかったことにすることでした。自分の感情を外部に留めておくのです。彼が用いたのは自己防衛の戦略の1つであり、用いてよいものです。

彼が幸運だったのは、慰め、気持ちを完全に立て直させてくれ、自分自身の心と良質な交信ができるようになる手助けをしてくれる母親がいたことです。

自己防衛の戦略を一時措置として用いるアイディアはしばしば有効で、実行に移せれば万々歳です。そうすることで、自身の内面にいつ心を配り、どんなときに社会の慣習に優先的に従うのか、どういうときに今その瞬間、直面する課題にすべての集中力を傾けるのかを、自分自身でかなりコントロールできるからです。

自分の内側での自己防衛と他者からの自己防衛

自己防衛は2つに分類できます。1つ目は、恐ろしい感情、思考、または願望から自分を守るための自己防衛。これは「内的自己防衛」と呼ばれています。

2つ目は、距離を突然つめてくる他者から自分を守るための自己防衛です。これは「対人自己防衛」です。これはその人自身と他者との関係性の問題です。

イェスパーは内的自己防衛と対人自己防衛の両方を用いました。

まず彼は自身の感情と距離を置きました。このとき用いたのは内的自己防衛です。

そして、気持ちが少し揺れつつも、校庭にいたベンテとも距離を置くことができました。ベンテから「元気？」と聞かれた彼は、「元気だよ」と返すと、足早にその場を立ち去ったのです。これは対人自己防衛です。

これらはすべてよい選択でした。あまりよく知らないベンテに感情を露わにしなかったのも賢明な選択でした。家でお母さんが自分のことを必ず理解し、慰め、自分自身と再び折り合いがつくよう救い出してくれるとわかっているときには、それでよいのです。

他者と距離をとるのによく使われるボディ・ランゲージや行動の例を示します。

ボディ・ランゲージ

- 目をそらす
- 腕や脚を組む
- 冷たい表情をする
- 横を向く、または背を向ける

行動

- 歩み寄ってきてくれた相手をけなす
- 喧嘩を仕掛ける
- プレゼントしたりして貸しを作るか、有利な立場に立とうとするこのような自己防衛の戦略のうちの1つ、もしくは複数を無意識のうちにとってしまうこともあります。すると、たとえば会話をしたとき、相手との心の距離をあまり縮めることができず、不満を感じたとしても、障害となったのが自分自身なのかどうかわからなくなります。

対人自己防衛を身につける必要がある人もいます。私は「とても敏感な人」（HSP：Highly Sensitive Person）であるクライアントが、他人に圧倒されそうになったり、相手の心の内に入るのにエネルギーが必要になったり、ほかの人からの打ち明け話から自分を守りたかったりするとき、この対人自己防衛をとるよう助言します。

HSPは一緒にいる人に注意を向けなくてはならないという義務を、自分に課してしまいがちです。他者の事情に踏み込むのに耐えられないときは、目をそらしたり、横を向いたり、背中を向けたりするのはまったく構わないとか、目を合わせると圧倒されてしまうときは、目線を下げたりしても構わないと納得するのは、HSPにとって一苦労でしょう。

対人自己防衛は重要な能力です。それを自分自身がいつ用いるかを知り、それによって誰と、いつ、どれぐらい距離をとりたいのか選ぶのは非常に重要なことです。次の項で詳しく話す内的自己防衛にも、同じことがいえます。

自己の内面と距離を置く自己防衛の戦略

何かに取り組んでいるときや、何かを成し遂げたいときなどは、内省するタイミングにあまり適していません。たとえば痛みや争い、喧騒に満ちているときや、自身の注意を内側に向けるのに場所や時間が適さないときに、自己の内面と距離を置くとよいでしょう。

距離を置く際に役立つ内的自己防衛として主なものに、逃避があります。逃避とは忘却の一形式で、今、選んだこと、もしくはかつて選んだものの、その後、忘れようと決めたこと自体、忘れてしまうことを指します。

すべては私たちの意識からただただ消えてしまいます。両親のどちらかから、かつて恐ろしいやり方で虐待されていたことも、記憶のどこかに消えてしまうのです。

ところが全身の筋肉が緊張したり、こわばったり、息を深く吸えなくなったりといった物理的な形で、記憶がよみがえることがあります。私たちは自分たちの肉体を意識したくないとき、深く呼吸しないようにします。完全に無意識的に。

心理セラピストとしてクライアントの呼吸を観察していると、何か起こりそうなとき、心臓の少し手前までしか空気が吸い込まれていないのがわかります。

以下に、内的自己防衛の戦略の例を示します。

●**転換**：iPhoneを肌身離さず持ち歩き、Facebookを頻繁にチェックするなどして、インターネットにつながりっぱなしになる。

●**投影**：厄介な感情、性質は他人のものであって、自分自身のものでないような感覚に陥ったことがある人は多いかもしれません。たとえば母親自身が疲れを感じているのに、その疲れを子どものものと思い込み、まだ目がさえている子を寝かしつけようとするなどのことが含まれます。

●**自己の無気力化**：過剰な食事、娯楽、睡眠などで無気力になります。また現実の一部から目をそらし、耳をふさぎます。ほかの人が自分のことを好きか、嫌いかのサインにも気づかないようにし、それを自分自身の頭、または空想のなかの話と解釈します。

●**行きすぎたポジティブ思考**：ほかの人たちが煩わしいことをしてくるとき、もちろんよかれと思ってやっているのだ、と常に考えることで、怒りや悲しみが湧かないようにします。

私たちは自己防衛の戦略を状況に応じ使い分けます。例を見てみましょう。

カーレンが「私たち、真剣に付き合っているのよね？」と尋ねるたび、彼は目をそらしてきます。それについての自分の感情的反応に、カーレンが耐えられないのであれば、さまざまな方法で自己防衛できます。

1 彼の瞳に浮かぶあいまいな表情に気づくのを避けます（見ないようにします）。

2 そして、こう考えます。
「ただの偶然よ。どこかをただ見ていただけよ。去年、旅行へ行ったときだって、愛してるって言ってくれたじゃない。だから、もちろん私のことを愛しているはずよ」（行きすぎたポジティブ思考）。

3 あるいは、あえてこう考えます。
「きっと真剣な付き合いじゃないんだわ」

4 すると、心臓の少し上のほうまでしか呼吸が届かなくなります（深い呼吸を避ける）。
呼吸が浅くなっていることを自覚し、体が硬直していることに気づきます。意識的に深く息をすると、Facebookをチェックしたいという欲求が湧くのを感じます（転換）。

信頼できる相手と一緒にいるときは、1人のときより耐性が増します。一番いいのは、自分の話に耳を傾け自分を支えてくれる、よい友人と過ごすことと、思考をあえて深め、自分自身の反応を感じることでしょう。

最悪なのは、自己防衛の戦略をあまりに頻繁にとりすぎて、気のおけない友人が１人もいなくなることです。その場合、相手が真剣かどうかをちゃんと確かめることなく、何年もだらだら付き合ってしまう恐れがあります。

内的自己防衛と対人自己防衛のバランスをどうとるか

対人自己防衛は、他人に距離を縮められないようにする自己防衛で、一方、内的自己防衛は自身の思考、感情、もしくは願望から自分を守る自己防衛です。

その人自身の心の状態と、ほかの人との親密さや距離感は緊密な関係にあります。私たち人間にはさまざまな感情や反応が生じえます。内的自己防衛の戦略と対人自己防衛の戦略はそこで互いに欠けている面を補い合います。

自身の内面を守る強力な自己防衛の戦略を持ち合わせている人は、外部に対し自己防衛する必要はあまりありません。そういう人たちはタフで、社会と多くの接触をすることに耐えられます。

そういう人はオープンで、コミュニケーション能力に長けていて、恐怖をあまり感じず、自身の感情に触れ、自分自身を知るのがうまそうに見えがちです。

ところがその人が知り、認識する「自分」は、一部自らが作り上げた自分である可能性があります。そしてその人が話す感情は、疑似感情、つまり自分で感じる以上に自ら考え、抱こうと決めた感情かもしれません。

その人は自分と完全に同一視する社会の仮面を備える一方で、心の奥底にある感情や願望にあまり触れることはありません。

「私はいつも嬉しい気分だ」という言葉は、その人が自身の真の感情と向き合っていないことを露呈しています。

一方、内的自己防衛の戦略が脆弱であればあるほど、より多くの対人自己防衛が必要になります。自身の内面に対する自己防衛の戦略が脆い人には、外界から自分を守るための強力な戦略が必要なのです。そういう人は接触する社会にすぐ翻弄されるので、自分らしさを取り戻すため、1人になろうとします。

HSPの場合、自身の内面に対する自己防衛の戦略は、非HSPより脆弱であることが多いといえます。HSPは非HSPに比べて、自身の無意識の部分にすぐ触れてしまい、自身の内面を強烈に感じやすいのです。そのため、他者とあまり親密になりたくないとき、HSPと交流することを選ぶ人もいます。

近づきすぎることで圧倒されてしまうからにせよ、心の古傷がうずくからにせよ、1人でいることは、近づきすぎるのを避ける最も安全な策なのです。

無防備すぎるか、自己防衛をしすぎるか——オール・オア・ナッシングではいけません。しかしあまりに多くの人がそんなふうなので、古すぎたり表面的だったりする自己防衛の戦略をとるのをやめるのが有効な場合もあれば、新たな自己防衛の戦略を編み出すことで自分自身が強くなれる場合もあります。

私たち自身が選択する自己防衛は強力なものです。ところが私たち自身が知らないうちにそれを発動させてしまうと、問題が起こることがあります。

私たちの意識が望む以上のことが起こってしまうのはなぜか、理解するのは困難です。これについては次の章でお話しします。

第2章

自己防衛の戦略を無意識にとるとき、問題が起こる

通学中に膝をすりむいたとき、自分の気持ちを感じないようにさまざまな自己防衛の戦略をとったイェスパーに話を戻しましょう。

同じ経験をマーチンという男の子がしたとします。家に帰るとお母さんが待っていましたが、そのお母さんが彼をきちんと助ける能力を持たなかったとしましょう。

お母さんはマーチンに、「別に泣くほどのことじゃないわよ」とか、「やり返せばよかったのよ」と言いました。次の日、マーチンは問題が何ら解決されないまま学校に行かなくてはならず、上級生たちに対する恐怖心を抑え、泣き出すのをこらえるのにエネルギーを費やさなくてはなりませんでした。

こういう場合に一番いいのは、ほかの大人を利用することです。たとえば、校庭にいたベンテです。しかし、マーチン自身はそれを求めないかもしれません。ほかの大人に頼るのはお母さんを裏切ることになると感じたり、お母さんでさえ受け止めてくれなかった自分の感情をほかの大人が受け止めてくれるだろうかと恐れたりするからです。

もしマーチン自身が自分の心と距離を置くのを選び、校庭にいた大人と関わりたいと思ったとしても、彼に共感を持つベンテはふさわしくありません。なぜなら、共感はマーチンの体を覆う鎧を剥ごうとするものだからです。

冷淡で自己中心的な人をパートナーに選んでしまう原因

私たち自身が今は触れてほしくないと思っているのにもかかわらず、私たちの感情を目にしたほかの人がそれを増幅させ、抑えられなくすることがあります。

マーチンが自分の感情と距離を置くときには、同時に慈愛に満ちた他者からの申し出に対して自己防衛する必要があります。なぜなら愛情と気遣いによって、自制心を失う恐れがあるからです。

では、ベンテの代わりに、冷淡で自己中心的でマーチンの傷つきやすさに目もくれないような大人を選んだとしたら、どうなるでしょうか。

対人自己防衛としてのこれらの行動がしょっちゅう用いられ、最終的にいつの間にか無意識に行われるようになると、大人になったときマーチンは、冷淡な人や、他人をあまり寄せつけない人を常にパートナーに選ぶようになるかもしれません。

自己防衛の戦略が無意識にとられるようになると、人は迷走しやすいのです。そういう場合、どうしていつも障害が現れるのか、または自分自身がまったく望まない反応やパターンにはまってしまうのはなぜか、自分でも理解できません。

人は自転車にはじめて乗るときは、どうやってペダルに足を置くか、どんな手順をとるか、よく考えます。ハンドルを正しく握り、バランスをとろうと苦心します。ところが一度乗れるようになったら、やり方など気にせず、ただ走ります。

同じように私たちは、自己防衛の戦略が存在していることや自分で発動させたことすらもはや意識せず、自己防衛の戦略をとりながら生きることがありえるのです。

自己防衛の戦略はしばしば無意識でとられますし、その戦略を長い間とりながら生きてきた人も多いので、それが私たちの人格の一部だと思われてしまうことすらあります。

自分自身の自己防衛がどのように人格の一部と化していくのかは、次の項で詳しく説明します。

自己防衛の戦略が人格の一部と化すとき

自己防衛の戦略をその人自身の性格と区別するのが難しくなることがあります。

自己防衛の戦略を自己の一部と認識している人は、その戦略をとっていると指摘され、別の方法を代わりにとるよう提案された場合、もちろん憤るでしょう。そういう人はこんなふうに言うかもしれません。

「俺を変えようとするな。ほかの奴から指図なんか受けないぞ。俺は自分でどうにかしたいんだ。こういう人間だとそっちが受け入れろよ」

誰かから疑問を投げかけられると、個人攻撃されたとか、批判されたとか感じる傾向があります。

自己防衛の戦略を完全に認識した上でのはじめの一歩は、自己防衛の戦略が、自身の内面をはっきりと感じることや、自分自身が置かれる現実を目の当たりにすることを避け、他者を遠ざける手段であると認めること。次のステップは、それを変えたいという願いと勇気を持つことです。

自分自身が災いを招き、ほかの人や自分自身と親密な関係を築く可能性をつぶしてしまっていると気づいたのなら、よい方向に向かっているといえます。自分自身が渇望している親密な関係をどういうふうに避けているのか、正確に理解しているかはともかく、心を開いてそれを見つけ出すことに関心がある人は、すでに第一歩を踏み出しているのです。

愛の関係性において、特に激しい自己防衛の戦略をとってしまう理由は、次の章で述べましょう。

第3章

喪失の悲しみを恐れて愛に満ちた関係を避ける人たち

愛の関係を築くことには、喜びと生活の質の向上のほかに、悲しみを伴う可能性があります。その悲しみは2種類に分けられます。

1つ目は、選ばなかったものへの悲しみです。特定のパートナーと関係を結ぶ選択をする場合、ほかの多くの可能性を排除することになります。100%理想通りの相手などいないので、私たちが特定の人を選ぶとき、その人が持っていないものを得ようとすることをあきらめなくてはなりません。それが1つ目の悲しみです。

2つ目は、将来訪れるであろう悲しみです。私たちは愛する人をいつか失います——相手より自分が先に死なない限りは。喪失と悲しみを恐れるあまり、誰かが自分にとって重要な存在になることを無意識で拒むのです。

悲しみと向き合うことは重要だ

悲しみと向き合うのがうまい人は、愛する人をいつか失うと考えてもそれほど恐ろしく思いません。悲しみを味わうことで、新たな生きる勇気と洞察力を身につけ、物事の別の側面を見いだすことができるとわかっていれば、そう怖くないはずです。

死者を悼むことに時間を費やすのはとても重要なことですが、現代においてはあまり価値が置かれているとはいえません。

そう長くは悲しみに沈んではいられず、抗うつ剤を処方され、すぐに職場に戻ってさまざまな難題に対処しろというプレッシャーをかけられたと話してくれたクライアントが何人かいます。これは不幸なことです。なぜなら、愛する能力と悲しむ能力は密接に関わっているからです。


新たな人間関係を築こうとしているウッラは、これまでさまざまな人間関係のトラブルを経験してきたので、今度の関係も短期間で終わってしまうことはありうると認識していました。

だからといって思いとどまることはありませんでした。彼女はこう言います。

「前にも失ったことはあるし、どうってことないってわかっているの。数日泣いた後、話し相手を見つければ、新たなチャンスをつかむのは時間の問題よ」

喪失と悲しみを恐れる人にとって、愛情関係を結ぶのは非常にリスキーです。それまでの人生で喪失を体験し、それを感じるのを避け、きちんと対処してこなかった人は、その悲しみを抱えたまま生きているといえます。そういう人にとって、新たに何かを失うのは大きな恐怖のはずです。

悲しみを避けるために人間関係を避けてしまう人たち

心理セラピストとして私は、これまで避けてきた大小の悲しみを背負ったまま生きている人を驚くほどたくさん目にしてきました。

たとえば、「二度と会えない」という言葉の意味を理解できないほど幼い頃、祖父母やその他の愛する人を失った経験や、若かりし頃に失恋した悲しみなどです。

ほんの数十年前まで、子どもに向かって死について話したり、子どもを葬儀に連れていったりするのはタブーでした。子どもに死を知らせないよう気を配るのがふつうだったので、子どもたちは愛する人を失っても特に何のケアもされませんでした。

そのように突然いなくなってしまった大切な人を、多くの人が忘れます。喪失は大きな悲しみと混乱をもたらすので、忘れるのが一番心地よいからです。

ところが避けてきた悲しみを抱えたまま生きる人は、新しい悲しみに対する恐怖を感じやすくなります。新たな悲しみが古い悲しみを再度かき立て、自己防衛の壁を破壊して、苦しみだけでなく愛する人のことまでも忘れさせる危険があるということを、私たちは直感で感じ取ります。

回避した悲しみは、セラピー中にしばしば現れます。亡くなった人のことやその人の資質を思い出し、心地よい感情が湧き上がるのは、大きな救いになりえます。ところが悲しみを認識するのを避けようと、さまざまな不適切な自己防衛の戦略を編み出し、そのような悲しみと生涯向き合わずに済ます人が多くいます。

深い人間関係を築くのを避けるのは、過去の悲しみと新たな悲しみを避ける手立てです。愛情関係を一切築かず、いわゆる取引と呼べる関係のみを築く人もいます。つまりサービスとサービスを交換し合うのです。

あなたが私の不満に耳を傾けてくれた代わりに私はあなたの不満に耳を傾ける、お互いに楽しませる、といった関係です。

この関係自体に問題はないのですが、それが他者と関係性を築く唯一の道になったら、失うものがあるでしょう。

このような関係では、悲しみを感じることがありません。この関係は比較的簡単に別のものに代えることが可能です。

反対に、相手のことをとても特別に思い、その人によって喜びを感じ——そしてややもすれば相手に依存しかねない関係に陥った場合には、代わりを見つけるのは非常に困難です。

無意識に愛情のある関係を避ける人たち

婚姻関係も現実には取引と呼べます。夫婦は互いのニーズを大なり小なり満たします。

一緒に住むことで家賃も安く抑えられます。ところが互いの瞳に明かりを灯し、心の庭に花を咲かせることができない――もしくはできなくなる夫婦もいます。

愛情に満ちた関係を築くのを避けることで、大きな損失から自分を守るわけです。

多くの人は自分が心の内にそのような葛藤を抱えていることに気づいていません。自分は愛情のある関係を心から築きたいと思っているのに、どうして毎回うまくいかないのだろうと疑問に思っています。

しかしそういう人たちは無意識に別の目的、すなわち痛みから自分を守るという目的に基づいて行動しているのです。**そこで、関係が終わったときに大きな喪失感で苦痛を感じるのを避けるため、関係が大切なものにならないように、さまざまな戦略を編み出します。**

そういう人たちは、何かを切り捨てるという悲しみに耐えられないので、何かを選ぶということ自体しません。

これは誰かが勇敢で誰かが臆病だという話ではないのです。勇気が持てないのはたいてい、それまでの人生で大きな悲しみを感じ、誰にも助けてもらえなかった経験をしたことがあり、それゆえ愛情を失うことに極度に敏感になっているからです。

あるクライアントはこのように話してくれました。

「かつて私は人生のゲームのルールに従いたくありませんでした。愛情も安全も、どちらも手に入れたかったのです。今、私は安全を求めることで人生を無駄にするか（それはあまりに高い代償です）、人生という川の流れに飛び込んで泳ぎはじめるか選ぶべきだと悟りました。とても恐ろしく不安ではありますが、後者を選ぶつもりです」

しかし、次の章で私が述べる自己防衛の戦略を用い、愛情に満ちた関係を築くのを避ける人もいます。

第4章
愛情に満ちた人生への扉を閉ざしてしまう不幸なパターン

この章で私は愛情に満ちた人生を送ろうとして、問題が生じてしまう人によく見られるパターンと戦略について述べます。

① いつも無理な相手を求め続けるパターン

デンマークには「屋根の上の10羽の鳥より、手のなかの1羽の鳥のほうがよい」ということわざがあります。しかし、親密さを避けるために屋根の上にいる手の届かない鳥にばかり興味を持つ人たちもいるのです。

ソフィーは、すでに恋人がいたり、すごくかっこよくて頭がよくてお金持ちだったりする男性を恋人にしたいといつも思ってしまいます。そういう人が彼女を選んでくれる可能性は低いのに。

もう1つの例はイダです。イダは自分に興味のない人ばかり好きになってしまいます。彼女は自分と付き合いたい人など誰もいないと思っていました。ところが実際は、自分から無意識に距離を置き、相手の男性がどれくらい自分に興味があるのか様子を見ているのです。

そして相手の興味がなさそうなときに限って彼女の心に火がつき、その男性をどれだけ愛せるか想像するのでした。

ところが実際には、彼女は過去にこっぴどく傷つけられた経験があり、誰かを愛することも、誰かに依存することも、とてもできない心の状態にありました。求める相手が手に入らないのであれば、彼女の空想の世界は平穏なままにしていられます。

一方、自分に興味を示してくれる男性と出会うと、怖くなって、別の自己防衛の戦略をとってしまいます。すなわち、相手の欠点を探し続けるのです。

そしてイダは男性の脚がちょっと短いという事実を見つけ出し、彼と一緒にいると恥ずかしいと思うことにしました。また彼のももの太さにも注目し、「ももが太すぎるわね。あんな人、好きになるもんですか」と考えました。

ほかにも細かいことにこだわり出し、それらを深刻な問題と見なすのでした。やがて彼女は唐突に、彼を振りました。

イダは恋人がほしいとしょっちゅう口にしますが、実際には自分がどれだけ臆病なのか、わかっていませんでした。

手の届かないような相手と付き合おうとするのは、ほかの男性と結ばれる可能性を捨てることでもあります。それにいくら素敵な男性でも欠点はありますし、男性側にもニーズや期待はあります。

手の届かない理想の男性を夢見る限り、決して手に入ることのない無条件の限りない愛に焦がれることになります。

ドーテも同じパターンでした。彼女はオーレという男性と長年、夫婦関係にありましたが、理想通りの親密な関係は築けませんでした。セラピーに通い出した当時の彼女は、相手の欠点ばかりに目がいっているようでした。

ところがしばらくすると彼から親密さと親愛の情を示されるたび、自分自身が「欠点を見つける」という戦略をとってしまうこと、またその戦略をとるとき、いさかいが起きやすいことに気づきました。やがてドーテが心の面で相手の男性に依存するのを恐れていることが判明しました。

今では、彼女は自分の心を自分でコントロールできることに安心感を覚えています。彼を失うことや、彼と一緒にいるときに自身の境界線を侵されることを恐れる必要はありません。

ドーテは、自分が実際、どれほど恐怖の感情を抱いているのかを感じ、それを認められるようになったとき、人間として成長し、理想の妨げとなっていた戦略を脱することができたのです。

愛の生活を空想の世界だけでほとんど完結させ緊密な関係を避けることで心の痛みから自分を守るのは、数多くある自己防衛の戦略のうちの1つです。次の項では、自己防衛しようとする際、足をとられがちな罠について書きます。

②心を閉ざした相手をパートナーに選んでしまうパターン

多くを与えてはくれない、もしくは親しさと温かさをあまり望まず、資質もない潜在的パートナーを常に選ぶ人もいます。

心を閉ざしたそのパートナーが心の奥底では愛情や思いやりを切望していると想像したり、パートナーを幸せにするのを夢見たりして、ついそういう相手を選んでしまうのです。

他人を救うところを想像することで、誤った安心感を得る人もいます。暗闇から助け出した相手が感謝と幸福で満たされることを信じ、相手の運命が自らの手にかかっていると信じることで、自分は決して1人にならないと安心できるからです。

魔法でカエルに変身させられた王子がキスによって元通りの姿に戻るという童話があります。しかしこの場合、何年キスし続けようと、相手は変わりません。もしくは変わって自信をつけたことで、外の世界に飛び出し、別の人を見つけてしまうなんてことも起こりえます。恩着せがましい相手といるのが息苦しくなるのも無理はありません。

この落とし穴にはまる人は、愛情と安全の両方を手に入れようとした人です。二兎追う者は一兎も得ずとはこのことです。

③完璧な相手を待つパターン

長年、誰とも連れ添わずにいた人がある日突然、ぴったりの相手と出会うことがあります。

とはいえ、１００％完璧な相手を見つけると言い張る人のほとんどは、ユートピアを求める自己防衛の戦略をとっています。

51％の相手で満足できれば、夫婦関係に満足する可能性は高まります。そして、51％の相手で満足しておけば、相手が段々と「完璧」に近づいていきますし、出会いによって自分自身も変わり、まったく新しい関係が実現することもありえます。

はじめは「相手がいないよりまし」というだけで付き合っていた相手も、関係性を深める機会を設ける努力をしていけば、完璧な相手に思えるようになるのです。

安全を確保する別の方法に、自分が完璧になるよう努力することが挙げられます。そのことについては次の項で詳しく述べます。

「よい」人間であるための闘い

多くの人たちが生涯「よい」人間であろうともがき続けます。「よい」とは、「ほかの人から拒絶されず、明日もその次の日も永遠に愛されると確信できるくらいよい」という意味です。

しかし、それは最初から失敗する運命にある計画です。人間関係に安心できるほど「よい」人間になれるというのは幻想です。そんな保証はどこにもありません。

愛する人の好みが変わらない保証も、パートナーが人生の道筋を自分で定めたり、軌道修正したりしないという保証もありません。

人生は変化するものです。私たちは常に変化の途上にあります。今を生き、その変化に

ついていくのが、私たちが生き抜く術なのです。

「よい」人間としての役割を果たすことにこだわったとしても、それを実行するのは無理でしょう。良質で生きる意欲が湧くような関係を他者と築くには、よくも悪くも双方が自立している必要があり、それは相手の変化を止めることはできないのを意味するからです。

前述のように、人は悲しみと痛みを避けるため、さまざまな無意識の戦略をとります。ところが残念ながら、悲しみと痛みを避けるための戦略が同時に、心の奥底で切望しているものを避ける効果を持つことがしばしばあります。

次章では、多くの人たちの心の奥に潜んでいる自己防衛のある戦略について見ていくことにしましょう。それは、両親や幼少期の思い出を美化するというものです。

自分の親をひたすら理想の人物と見なし、ごくふつうの人間ととらえないでいると、現実と乖離し、人生の舵を切るのが難しくなることもあるのです。

第5章

親を理想化することの危険

幼少期や両親の思い出を過度に美化してしまう人がいます。インガーは心理セラピーをはじめて受けた時点では、自身の生育環境に何ら問題ないと信じてやみませんでした。

「本当に完璧な子ども時代を送ってきたのに、自分の人生はどうしてこうもうまくいかないのか、まったくわからないんです。両親は私を心から愛してくれました。母は専業主婦で、家には常に人がいて、心からほっとできました。私は大事に育てられたんです。今、ここにいることは、恥ずかしいので誰にも知らせていません。特に両親には絶対に知られてはいけないと思っています」

現実には、「完璧な子ども時代」など存在しません。完璧な親もいませんし、皆、大なり小なり傷ついた経験があるはずです。せいぜい「子ども時代はおおむねよかった」という程度でしょう。

私の経験上、自分の幼少期や両親について度を超えてポジティブに語る度合いと、その人が実際にはどれだけつらい幼少期を送ってきたかという度合いは比例します。

インガーのセラピーを重ねた結果、彼女が実際は親からの愛情と関心に恵まれない子ども時代を過ごしていたことが明らかになりました。

おおむねよい子ども時代を送ってきた人は、すべてが順風満帆だったと強調する必要はありません。そういう人たちが両親について話すときは、温かさと感謝の意が感じ取れます。また彼らは、よかったことも大変だったことも躊躇なく語ります。

「関心」には2種類ある

自分は特別よい子ども時代を送ってきたと主張するクライアントは、えてして父親と母親が疑いようもなく素晴らしい人たちだったとし、こんなふうに言うものです。

「両親は常に私に強い関心を示してくれました」

ここで、「関心」というのが、実際の親子の関係性において何を意味するのか考えてみましょう。

関心は2種類に分けられます。

1つ目は、相手がうまくいっているかどうかに示す関心です。たとえばパートナーがうまくいっているかどうかに私が関心を持つのは、それ次第で自分の気持ちや経済状態、社会的立場が変化しうるからです。

親なら皆、子どもがうまくいっているかどうかに関心があります。そうすることで自分のことをよい親と感じることができ、子どもが幸せであれば喜びを感じることができます。つまり、人は何か必要なものを手に入れることに関心を持つのと同じように、他人にも関心を持つのです。

そしてもう1種類の関心とは、自分の子ども（もしくはパートナー）の内面への関心です。相手をできるだけ理解しようとし、相手の独自の性格を発見しようとし、相手の立場になり、相手のために、内面に関心を持つのです。

あるクライアントはセラピーの後しばらくして、私にこう話してくれました。

「今は自分が単純にものみたいに育てられたのがわかります。私の気持ちを知りたいと関心を持ってくれた人はいなかったし、私が心のなかで何を思い、望み、願っているのか尋ねてきた人もいませんでした。両親は私が何者かあらかじめ知っているかのように、私の言葉に耳を傾けようとしませんでした。そこで私は、両親が勝手に抱いているイメージ通りの自分になることにしたのです」

やがてこのクライアントは孤独な幼少期を思い出し、自分が今、一大プロジェクトに乗り出したと認識できるようになりました。そのプロジェクトとは、まず両親のイメージ通りの自分でいるのをやめ、次に、自分自身が実際、どんな人間なのか探求することです。

ある女性はセラピーを受けるなかで、母親である自分が子どもに関心を注ぐのは、子ども自身に関心があるというより、他人の目を気にしているだけだと気づき、いたたまれない気持ちになりました。

「母親になった私は、自分が十分によい母親ではないんじゃないか、とひどくおびえました。息子を見るとき、自分がよい母親かそうでないかを示す兆候にばかり目が行ってしまうのです。息子が悲しそうにしていると、私は悲しそうな息子と一緒にいることに耐えられなくなって、息子が喜ぶ楽しいことを探しました。彼の内面、また彼自身にろくに関心を持てなかったのです」

クライアントが幼少期について話すと、最終的にすっかり落ち込んでしまうパターンが多いことに私は気づきました。それは両親の欠点から目をそらすための自己防衛であるケースが大半です。

それまでの人生でしてきたように、自分自身の過ちに注目するほうが、親の欠点を見つめるよりずっと楽です。こうして彼らは心に抱く父親像、母親像を守ろうとします。父親と母親が思っていたほど完璧じゃないと気づいても、彼らにとって、2人の過ちはクライアント自身の過ちに比べ大したことはないからです。

両親が自分の役割をよく考え、自分と子どもとの関係をよくするために認識を改めるのが間違っていると言いたいわけではありません。**しかし、罪悪感にさいなまれる前に、完璧な両親などいないし、苦しい思いをまったくしないで済む子もいないと心に留めておくのが大事です。**

子どもや若者は、ある程度、試練を経験したほうがよいのです。試練によって成長し、それがなかったら発達が止まっていたかもしれない自己の一面を伸ばすことにつながりますから。

もしも私たちが自分の子どもに、自分が得てきたものより、ほんのわずかでも多くを与えることができれば、それは英雄的行為だといえます。自分自身が得られなかったものを誰かに与えるのは特別に難しいことだからです。自分が親として何でも正しくできると信じてしまうと、そうではない現実に直面したときに、敗北感を味わうことになるでしょう。

クライアントは自己の両親像に疑問を呈されると、動転したり、いら立ったりします。その話題に触れるだけで非常に不快に感じるようです。

「まるで親を裏切っているみたいに思えて」というのが、私がよく耳にする言葉です。そのように言うクライアントは危険な領域にいます。両親を理想化することが自己防衛の構造全体の主な柱になってしまっているのです。

そういう人たちが両親を理想視するのをどうして放っておいてやらないのか、と疑問に思う人もいるでしょう。それは両親を理想化することで、高い代償を支払わなくてはならなくなるからです。両親の現実の姿から目をそらしてしまうと、自分の現実の姿もとらえられなくなります。

理想化された親のイメージは、2つのパターンで自己像に影響する可能性があります。以下に見ていきましょう。

①親を理想化し、自分も理想化するパターン

完璧な両親だったという記憶は、自分も同じように完璧だという想像を生み出しかねません。このような自己認識を持つ人は、自分が人生の困難に陥ったとき、他人や外的要因

のせいにする傾向があります。

そういう人は自分が他人からねたまれていると解釈することもあります。あるいは自分がパートナーの選択を誤ったと考えたり、自分の本当の姿に目を向けてくれない、思いやりを欠いた上司のせいだと思ったりします。

彼らは、もし妻に問題がなかったら、上司が無理解でなかったら、その他さまざまな外的な障害がなかったら、自分は幸せでよい人生を送れるだろうと考えます。

そういう人の最も重要な自己防衛の戦略は「投影」です。自分自身に問題があることを認めず、他人のことをことごとくネガティブにとらえます。

心理セラピーで、このような認知のゆがみ（両親についても、自分自身についても）のあるクライアントと出会うことはめったにありません。そういう人たちは自分にセラピーが必要だとは思わないのです。一方で、そういう人たちの妻や夫、子どもなど、周囲の人とお目にかかることはよくあります。

そういう人たちの多くはつらい状況にあり、自尊心の低さに苦しんでいます。彼らは気づかないうちに、自分を理想化している相手のダークサイドに影響を受けているのですが、そのことを感じたり認めたりしようとしません。

②親を理想化し、自分のことは蔑むパターン

親を理想化することはときに、自分を蔑むことにつながります。父親と母親に問題がないのに、なぜ自分には問題があるのか？　その問いへの答えが次のようになるからです。

「私がよくない人間だからだ！」

こういう人は、自分の両親を実際よりもよく、自分自身を実際よりも悪くとらえます。よい父親像やよい母親像を持ち続けたつけで、自尊心が低くなり、自分自身のことをネガティブにとらえてしまうのです。

「私はよくない」と思えば、両親像は理想化されたまま守られます。さらにそれによって、その人が十分に愛されてこなかったとか、まったく愛されてこなかったとかいった感情を味わわずに済みます。それは子どもの頃であれば、よい戦略でした。

ところが大人になった私たちの多くは、愛されてこなかったと感じることができるだけ

の強さを備えています。私たちが内的な経験の一部としてそのように感じる勇気を持つことで、人生や自分自身から私たちを隔てるたくさんの自己防衛の仕掛けを捨てることができるのです。

以上の2つのパターンの両方を経験する人もいます。ある時期には自分自身のことを完璧な人間だと思うのに、別の時期には、価値のない人間だと思うのです。

子ども時代から2つのパターンを繰り返し経験する場合には、能動的な形と受動的な形があります。

能動的な形では、両親と自分を同一視し、両親が自分を扱っていたように他人を扱うようになります。たとえば、親からいつも批判されていた子が大人になると、やはり他人を批判するようになることがあります。

受動的な形では、かつての両親のように自分を批判し、その批判に従わせようとする人たちと一緒にいることを無意識に選ぶようになります。なぜなら、その役割に収まるのが自然で落ち着くと感じるからです。

能動的であろうと受動的であろうと、両親と同じパターンを繰り返すことで何が起こっているのか気づかない限り、そのパターンを受け入れ、両親の振る舞いに疑問を感じたり批判したりするのを避け続けることになります。

両親の理想化が過去に困難を乗り越える策として有効だったことについては、次の項で詳しく検証します。

私たちが現実を作り変えるとき

基本的情緒を欠いた両親の下で育った子どもは、両親の欠点を直視するのを避けようと必死になります。これには2つ理由があります。

1つは、小さな子どもは自分のことを両親の一部ととらえており、それゆえ両親をよい存在と認知するのが不可欠だからです。

2つ目の理由は、子どもの繁栄や生存に責任を持つ2人の大人が親としての能力を欠いていると考えるのは、小さな子どもにとって、ひどく恐ろしいことなので、すぐその考えは打ち消されるからです。そして代わりに、強くて能力があり愛情深い父親像、母親像を心のなかで描こうとするのです――実際はそうでなくても。同時に子どもはそれに反するサインから目をそむけ、耳をふさぎます。

このような戦略をとることは、恐ろしい現実を受け入れるには脆すぎる小さな子どもにとって得策なのです。

子どもは両親の欠陥を補い、想像によって別の現実を作り上げ、そこに必要な安心感を見いだします。

大人になってもなお、自身の生活の現実より想像ばかりを信用してしまうと、問題が生じます。**父親と母親を理想視し、両親に都合のよくない側面から目をそむけ、耳をふさいでしまうと、いつかその人は子どもやパートナーに対しても同じことをしてしまうでしょう。**そして無防備になり、孤独になります。

現実に感じていることよりも自分の空想をずっと信用してきた女性が、長期間に及ぶセラピーの最後に、こう叫びました。

「振り返ってみると、長く付き合ってきた男性に、ある時期以降、『私のこと、好き？』と確かめなくなったことに気づいて、動揺しました。その代わりに『好きに決まってる』と自分に言い聞かせてきたのです。現実を前より明るい光の下で見られるようになった今では、それが事実ではないとわかります」

これは、自分の現実に向き合わず思考や空想に支配されてしまうと誤った方向に物事が進みやすいという例です。

次の項では、自己防衛の戦略がどのようにしてとられるのか、その戦略が愛情に満ちた人間関係を築く上でどんな混乱をもたらすのか、例を示します。

子ども時代の戦略を繰り返す

私たちはすべて覚えていなくとも、それまでの人生で多くの決断を下してきたはずです。

ある中年男性はこう言いました。

「私はごく幼い頃に、自分1人でなんとか生き、ほかの人に頼らないと決めました。当時私にはそれが唯一の選択肢に思えたのです」

そのような決断が無意識で行われるようになり、その決断に相反する人格が意識から消えるのにそう時間はかかりません。しばらくすると愛情を求めはしても、他者とつながりたいという願望はなくなります。

自己防衛の戦略の大半は、小児期の早い段階で始動します。困難な状況に置かれている小さな子どもがとれる最良の措置がそれだったのです。自己防衛の戦略は無意識化し、私たちが子ども時代に解決されなかった危機に似た状況に置かれたとき、自動的に発動します。

マリアは恋人が愛情を示そうと近づいてくるたび、喧嘩を売ってしまうのはなぜかと不思議に思ってきました。その答えは、自己防衛の戦略が発動する状況にあります。その状況は何度も繰り返されるのです。

マリアはこのように思い込んでいました。

「私は本当は愛される価値はない人間だけど、ほかの人と距離を置いておけば、気づかれないだろう」

他者と距離を置くという決断をかつてしたことを、彼女が自分でわかっていたかどうかは明らかでありません。ところが彼女が今使っている戦略に注意を向けはじめたとき、その記憶がぱっと浮かんだのです。

マリアの思い込みが生まれた状況について理解できると、より現実的な考え方が生まれました。それはこんな内容でした。

「子どもの頃、危機的状況にあった私を助ける能力を両親は持ち合わせていませんでした。ダメだったのは私ではないのです。私はどんな有能な子も1人では解決できないような問

題を解決しようとしていただけの、完全にふつうの子どもだったのです。

大人になった今は生死に関わる問題について、かつてほど他者に依存してはいません。今では人生があまり危険ではないと感じていますし、自分のことをもう少し周りの人に見せても心地よい気持ちでいられるかどうかを考え、他者との距離感をうまくとれるようになりました」

マリアの新たな考え方は、彼女にさらなる自尊心と、新たな決断を下す勇気を与えてくれました。彼女は今からごく身近な人と距離を縮める練習をしようとしているそうです。

大人になって改めないと致命的な事態が起きかねない自己防衛の戦略をもう1つ示します。

自分の気持ちに逆らうとき

自分が愛されているかどうか確信を持てない子は、自分と両親の意見が異なるとき、両親の意見に従おうとしがちです。

こういう子が親から叱られると、その後で、お父さんまたはお母さんが使っていたのと同じ言葉で自分自身を叱りながら歩き回っていることがあります。そうすることで、自分のことが両親と同じに思え、父親や母親と一緒にいるように感じられるのです。

自分の気持ちに逆らうと、大きな孤独感に襲われるものです。ところが小さな子どもにとって自分自身に逆らうのは、生き延びる上で必要な父親もしくは母親とのつながりを失うのと比べればましです。

しかし、大人になってから、人生に大きな意味を持つ人たちから怒りを向けられたときにたちまち自分自身にそむき、相手の味方につくようになるのでは問題です。すると私たちは無防備になり、また非常に孤独になります。その場合、誰が私たちの味方をしてくれるのでしょうか。

私たちが自己にそむき安易に相手を支持しているとはっきり自覚しているわけではありません。人生で大きな意味を持つ人が自分を快く思っていないと感じたときに不安になるだけかもしれません。

私は心理セラピーで出会った人の多くが気づかないうちに自分自身を叱責したり自分のことを悪く思ったりしているのに気づき、不思議に思ってきました。

私がセラピーのなかで繰り返ししている質問があります。

「そのとき、あなたは自分自身に何と声をかけましたか？」

クライアントの答えは、自分を非常に見下したものであったり冷酷なものであったりし、気づいた本人が動揺することもあります。

もちろん、自分自身を批判的に見るのはよいことですし、自分が言ったりしたりしたことに他人が不満を持ったときにそれを認めて受け入れるのもよいことです。

問題が生じるのは、自己批判が繊細さを欠いた自動化された行為となり、自分自身でコントロールできなくなって不快な気分になる場合です。

自分自身にそむいてほかの人の味方をするのは、「攻撃者との同一化」と呼ばれる自己防衛の戦略です。両親の理想化と同じく、孤独感や愛されていないという感情を覚えるのを防ぐことができます。しかし、そのことで大人になってから愛情に満ちた生活を送るのに問題が生じることがあります。

次の例に出てくるヨーアンの問題点は、自分の価値を認めてくれない女性とばかり付き合ってしまうところです。

たとえば直近の彼女は、彼を当然のようにこき使い、あらゆる雑用をさせました。ヨーアンが家を訪ねてきても、コーヒーを振る舞うでも、礼儀正しくお願いするわけでもなく、ただ命令するのです。ヨーアンは愛情に満ち溢れた女性を恋人に持つ友人たちをうらやましく思いました。

ヨーアンは幼少期のトラウマから立ち直るまで、満たされない関係を作っては破綻するのを繰り返しました。ヨーアンの話はこうです。

「子どもの頃に殴られたのは覚えていますが、そのときの感情までは記憶に残っていませんでした。ただ無感覚になろうとしていたことは、かすかに覚えていました。

そのことについて心理セラピーで話しはじめると、ゆっくりと鮮烈な記憶が浮かび上がりました。そして週を追うごとに、子ども時代の感情がまざまざとよみがえってきたのです。信頼し、愛する相手から殴られる子どもの気持ちが。

太陽が空から消え、月がものすごいスピードで地球に衝突しようとしているという悪夢のなかにいるような感じでした。まったく心穏やかではありません。悪夢のさなか、私の一部が父親の味方をし、私なんかひどい扱いを受けて当然の人間だと思っていることに気がつきました。

私は攻撃者（父親）との同一化を放棄したとき、子どもだったかつての自分を認められるようになりました。父親とつながっているという、生きる上で必須の感情を持とうとして、間違った方向に進んでしまった子どもだったのです。

その後、私は当時、自分が大人だったら言ったであろう言葉を、自分自身に言うことができました。つまり、問題があるのは私じゃない。誤っていたのは周囲で起こっていたことであって、それは大人の責任であり、私のせいではなかったのです。

私は二度とひどい扱いをされるのを許さないと心に誓いました。

私は一時期、無愛想な声のトーンで自分に話しかけてくる人がいると、非常に気になりました。しかし今では、そういう人は何かつらいことがあって周囲の人に優しくする心の余裕がないのだろうと考え、受け入れられるだけの心のバランスを保てるようになりました。私は以前よりずっと自分自身に敬意を持てるようになり、私の価値を認めてくれない相手とは付き合わないようになりました」


身体的にではなく、言葉で「殴られた」経験のある人も、ヨーアンの話を聞いて、自分と同じだと思うかもしれません。いずれにしても、子どものときに愛する人から殴られると、自分の価値を感じにくくなります。

自分の心のなかの両親のイメージを守るためにその出来事を忘れてしまうと、必要な支援を得ることができず、適切に身を守ることができないために一生にわたって「殴られ」続ける危険があります。

というのも、自分の心の奥深くにしまい込んだ殴られた経験が、自分には価値がないという思い込みを無意識に生み出すからです。

子ども時代、「もの」として扱われた経験を何度もしてきて、誰も話に耳を傾けてくれず、歩み寄ってきてもくれなかった人は、大人になってからも同じことが起きるのを許してしまいがちです。子ども時代と同じく受け身で、同じパターンを繰り返します。

これと逆のケースもあります。両親がしていたのと同じように、ほかの人のことをもののように扱ってしまいます。子どもの頃の行動パターンを能動的に繰り返してしまうのです。そんなことをすると、自分自身が受けてきた苦しみを他の人々に与えることになります。

たとえば、人というより道具のように扱えるパートナーを見つけ、相手を子ども時代の痛みを避けるための手段にしてしまうのです。こうなるとパートナーへの期待と2人の生活から実際に得られることが食い違うことになります。このことについては次の項でさらにお話ししましょう。

子ども時代に欠けていたものをパートナーに求めてしまう

子ども時代に父親と母親から得られなかったものから自分自身を解き放つことができなかった人が、パートナーからそれを得ようとすることがよくあります。その場合、自分ではそのメカニズムに気づかず、パートナーに対し大きなフラストレーションを感じています。

メカニズムを意識していない人ほど、パートナーにくどくど文句をつけ、自分らしく生きるというパートナーの基本的な権利を完全に見落とす危険性が高まります。

そういう人はメカニズムに支配され、実際よりもよい子ども時代を送ったと言い張り、欠けていたものをパートナーに補ってもらって、心に空いた穴をふさごうとします。パートナーが欠けたものをきちんと満たしてくれないと、憤りと不満を強く感じ、淋しい孤児が駄々をこねるかのように振る舞うのです。

ハンネの例を見てみましょう。彼女はこう語ります。

「私はセラピーをはじめる前、パートナーとの生活をいくつか破綻させてきました。1年も続かないのです。私は主導権を握るのも男性との出会いを作るのも得意です。恋愛のはじまりの段階では問題が生じないのが常でした。しかしそれが日常になると、私は突然空虚感に陥り、耐えられなくなります。

たとえば恋人がほかの人と何かしようとするとき、私は拒絶され、ひとりぼっちにされたと感じます。私は泣き、怒り、じっとしていられません。『恋人がいるのに、こんなに気分が悪いなんてこと、あるわけないわ』と考えた私は、ひどく意地悪な気持ちになって、パートナーに自責の念を感じさせたくなりました。私が一晩に10回も彼に電話し、彼を一晩中起こそうとしたのは、フラストレーションと怒りからかもしれません。彼の視点から物事をとらえようとはまるで考えなかったのです。

今、自分の行動を振り返ると、男性たちがよく我慢できたものだと思って驚くくらいです」

ハンネが両親を理想視してパートナーに過度な要求をするのをやめた背景には、ある大きな悲しみと痛みがありました。彼女が今生きる愛情に恵まれない人生への悲しみと、情緒を欠いた子ども時代への痛みの両方が。

でも痛みは、それまでの長い人生で感じてきた悲しみほどには重くて背負いきれないものではありませんでした。悲しみの只中で、彼女は長い間感じてきたよりも、今を生きていると感じ、他人をより信じられるようになりました。ハンネは今日泣いていたとしても、明日は笑顔になれるかもしれないと理解し、人生で出会ってきた人と気持ちを共有するのがどんなに励みになることか、感じとったのです。

私たちの文化では、ふつう、悲しみが重く、暗く、長く続くものであると考えられています。**でも現実には悲しみは、ときにただ温かく、親しく、心に訴えかけてくるものなのです。**

両親をより現実的な視点でとらえる

両親との関係性や両親や自身の子ども時代への見方を振り返り、探るのに、多くの人が抵抗感を抱いています。それが望ましいものでないと、過去を直視することで不快になりかねないからです。

しかしそれは代償を支払っても、最終的に報われる不快感です。なぜなら私たちが両親や私たち自身を現実的な目でとらえるようになるほど、人と親密な関係を築けるからです。私たちが私たち自身と調和し自分が何者かを知ることで安心感を覚えれば覚えるほど、生きる意味や生き甲斐を感じるチャンスは増します。

他者との関係性において私たちが現在用いる戦略は、子どものとき一番そばにいた扶養者に対してとってきた戦略です。両親にあまり受け入れられず、健康的な人間関係を構築する能力を身につけさせてもらえなかった人は、大人になってから多くの自己防衛の戦略をとるようになります。

私たちが自己防衛の戦略を手放すとき、解放されたように感じ、次の例のヨーアンのように、新たな生きる希望が湧いてきます。ヨーアンは50歳を超えてはじめて、父親との問題だらけの関係性を見つめはじめました。ヨーアンは長いセラピーの終わりで起こった転機について、こう話しました。

「私は子どもの頃、父に厳しく罰されましたが、心のなかではいつも私を愛してくれていると確信していました。でもセラピストはそのような私の確信を疑問視しました。私が自分の確信が正しいと証明するため、あれこれ論じるなか、悲しそうで、真剣な視線を向けてきました。

あるとき、彼女は言いました。『あなたはどうしてそんなに必死なんですか？』それを聞いて、私は心にぽっかりと穴が空くのを感じました。それから頭よりも先に体が理解したかのように、体が震え、涙が溢れ出しました。そうして私は解放されたと感じました。その瞬間、自分のかけらを見つけたかのようでした」

私たちは現実が恐ろしく、ただ不快なものであるとき、しばしば自分を守るため、現実から目をそむけます。しかし実際は直視することで、大いに解放されることもあるのです。

親を理想視することが親密な関係を築く妨げになる

私たちの両親は愛情と親密さを精一杯示してくれました。私たちはほかの人と一緒にいるとき、父親と母親がしていたように振る舞い、両親から話しかけられたようにして、自分自身に話しかけるようになります。感情について教えてくれたのは両親なので、感情の起伏も父親や母親とおおむね同じようになります。

私たちは愛情や愛着の面で、大体似たような相手をパートナーに見つけます。そうすることで親しみや安心感を覚え、付き合いやすくなるからです。

父親や母親よりも情緒の面で優れた相手と関係性を築くのを避けるのもまた、自己防衛の戦略かもしれません。両親より優れた人をパートナーにしてしまうと、新しいことを学ぶ必要性が生じます。さらに両親を新たな視点で見なくてはならなくなります。愛情や愛着について大事なことを教えてくれなかった人として見る必要性が生じてくるのです。

親としての能力を欠いた両親を理想視することで、小さな子どもは安心感を覚えます。それはメンタルヘルスを保つのに、どうしても必要なことです。でもこれが大人になったとき、愛情関係を築く上で問題の原因となることもあります。

両親がどんな人たちだったか（であるか）をより詳しく正確に理解する取り組みは、一生ものの課題です。それは自分自身を発見し理解する作業に決して終わりがないのと同じです。

認知とは重層状のものです。自分の人生を深く理解する日までは、真実をすべて知っていると思っていたかもしれません。しかし、はじめは完全に理解していたと思っていたものが氷山の一角でしかなかったことに、後から気づくのです。

認識を深めれば深めるほど、解放感は増していきます。そのため私たちがそれまでに問題やジレンマと深く取り組んできたとしても、それをもう一度見るだけの価値があることがわかってきます。そしてそれは両親との関係性のように大事な人生の一部に特によく当てはまります。

私たちが人間関係のスキルを向上させたいとき、第一歩は、ここで今、どのような戦略がとられているか調べることです。

子ども時代に一番身近にいたからといって、両親と再び向き合うのは必ずしも不可欠ではありません。現在の習慣を変え、不幸を招く思考や行動パターンを変えるために努力すれば十分な場合もあります。

ところがこのような現在指向のアプローチに効果がない場合には、そのパターンに陥ったそもそもの理由に立ち返る必要があります。それはつらく、生々しい作業になるかもしれません。

しかし私の経験では、自己防衛の戦略をとるようになったそもそもの原因をじっくり根底まで掘り返すことで、行動と気持ちの両方が根本的に変わるチャンスを得ることができます。

第6章
感情を完全に意識する

人生の舵を切る上で、また人間関係を築く上でも、自分の感情を正確に知ることは大きな助けとなります。では、今の自分の感情を完全に意識するとは、どういうことでしょう。体と衝動（欲求）と頭の3つの面において感情を意識することになります。

たとえば、恐怖の感情を例にとってみましょう。

●**体**：震えるのを感じる。
●**衝動**：叫びながら走って逃げたい衝動を感じる。
●**頭**：恐怖していると頭で知る。

3つすべてを感じられないからといって、必ずしもそれが自己防衛の戦略に起因しているとは限りません。たとえばまだ習得していないなど、ほかに理由があるかもしれません。

怒りという感情を例にとることにしましょう。

●**体**：熱くなり、震えるような感覚を覚える。
●**衝動**：叩きたくなる衝動を感じる。
●**頭**：自分が怒っていると頭で知る。

喜びという感情はどうでしょうか。

●**体**：体のなかに踊りたくなる感覚がする。
●**衝動**：突然歌い出したいような衝動が湧く。
●**頭**：自分が喜んでいるのを頭で知る。

自己防衛によってこれらの体験のうちのどれかが抑圧されている可能性があります。体の感覚がなく、首から上の部分の変化だけに気づく人もいれば、自分自身の感情をなかなか理解できない人もいます。また、自分の衝動に気づかない人もいます。

私が心理セラピーをしてきた経験では、衝動に気づかないケースが最も多いように思います。

ここには羞恥心というものの存在があります。たとえば上司の膝の上に乗って気を引きたい、30歳も年下の相手に性的な行為をしたいなどという願望が湧いたとしたら、困惑や羞恥心を感じるでしょう。

そのような願望は抑えるか、打ち消したくなるものです。

願望を持つことを完全に自分に許してしまったら、その願望を抑えられなくなってしまうのではないかと危惧する人もいます。しかし、自分の願望を感じ、その願望にまつわる想像を膨らませるのは、危険なことではありません。**願望とうまく付き合うことができれば、自制心を失ったり、間違っていると思うことをしてしまったりするリスクは減ります。**

怒りの陰に潜む願望を感じとるのは、もちろん恐ろしいことでもあります。特にその怒りが強烈なときはそうでしょう。何かを滅茶苦茶にしたい、他人を傷つけたいという願望を持つと、強い罪悪感を抱くことになります。

しかし、この罪悪感に根拠はありません。なぜなら人は願望をコントロールできないからです。願望を消し去ると決めるなどということは不可能です。できるのは、せいぜい抑制することぐらいですが、抑制するのはかえって危険です。

人は自分が影響力を持たないことに対し、罪悪感を持つ必要はありません。

感情についていうなら、なすがままにして、先に述べた3つの形で完全に感情を意識できるようにしたほうがよいのです。そうすれば、怒り自体は危険ではないのがわかるでしょう。

私たちは願望を実行に移す選択もできますし、良心の呵責にさいなまれたり恥ずかしいと思ったりしてやめておくという選択もできます。

これらの衝動から得られる有用な情報があります。他人を殴りたいと思ってしまうのは、たいてい、相手から「殴られた」と感じるからです。その知識は、自分自身についてより深く洞察する際に利用できます。

3つの形で自分の感情を探ることで、感情を完全に意識し、自分自身の内面の現実に近づくことができます。しかし探っている感情は実は二次的なもので、それが他の感情を隠していることもあります。そして隠された感情にこそ、その人のそのときの心の状態がより如実に投影されています。その感情をよく吟味することで、さらに自分自身の現実に近づくことができます。

たとえば、怒りという感情は恐怖を隠していることがあります。10代の娘が門限に遅れたと叱る父親が直接表すのが怒りであっても、本当は怒りより恐怖を強く感じていることもありえます。もし彼が娘を待っている間どれだけ恐怖を感じていたかを意識できれば、自分自身に近づくことができますし、それを娘に伝えることができれば、娘の心に近づくこともできるでしょう。

私たちの大半は恐怖や不安より、怒りを感じやすいのです。そのことについては、次の項で詳しく書きます。

感情は重なり合って互いを隠している

怒りは感情の重なりの一番上の層にあり、ほかの感情を隠します。このことは主に男性に当てはまります。

たとえば、抑うつ状態の男性はよく怒りを感じたり表に出したりしますが、実は心のなかでは悲しみや無力感を感じているのです。

怒りは強烈な感情です。怒りを感じて、私たちは闘います。ところが問題は、私たちが闘って得たいものが得られない場合です。また、怒りによって自分が本当は最も必要としている人を、そうとは知らずに遠ざけてしまうこともあります。

怒っている男性が勇気を出して、自分の無力感と悲しみを感じ、それを表現するならば、彼は怒りにとらわれている男性よりも周囲の人からの配慮を得ることができ、気分を立て直しやすくなるでしょう。

不安も一番上の層にある感情です。喜びや怒りを覆い隠すことがあります。ときには自己イメージとの葛藤を隠していることもあります。不安は、目から涙が溢れるなど、悲しみに似た形で表現されたりもします。

ある感情を完全に意識できていたとしても、その感情の陰にもっと重要な感情が隠れていないかどうか、自分の内側に問うてみるとよいでしょう。そうすれば、本来の自分自身にさらに近づくことができるかもしれません。

次の項では、自己防衛の戦略の1つである退行について説明します。

感情が高まると、退行が起こることがある

不安や恐怖があるレベルまで高まると、私たちは退行という手段に頼ることがあります。退行とは、過去の成長段階で用いていた戦略を再び用いてしまうことを意味します。

退行を起こしているとき、人は自分をちっぽけで無力で、お腹を空かせた孤児みたいに怒っていると感じるかもしれません。精神的に他者に圧倒され、大人の戦略をとるのをあきらめたときに退行は起こります。

退行は現実から逃避する手段です。私たちは自分が責任と他の選択肢を持つ大人であるという事実から逃れ、自分にできることを一時的に忘れます。

退行に伴う振る舞いとしては、次のようなものが挙げられます。椅子からずり落ちそうに座る（目線が低くなる）、目に涙を浮かべる（助けを求める）、昼間からベッドで横になる、等々。

感情が層状に重なり合っているのを示す例を挙げましょう。インガーはセラピー中によく泣きました。とはいっても彼女の泣き方は、特に激しくありませんでしたし、泣くことで心を開いているようにも見えませんでした。それどころか泣き出すたび、私は彼女との間に距離を感じました。

やがて彼女の涙は退行によるものだということがわかりました。退行の下には怒りがあり、怒りの下には、まったく別の次元の悲しみがありました。

しばらくして彼女はこんなふうに書きました。

「私は退行すると、ときには何日も泣き続けました。深い絶望と無力感に陥り、同時に支えになってくれなかった人たちに対し、強い憤りを感じました。我に返り、態度を変えて行動しはじめると、急に気分がよくなりました。その前の自分の様子を思い出すと、少し恥ずかしくなります」

インガーのように退行するとき、社会生活にさまざまな変化が生じます。ある人のなかの大人の「私」が完全、または部分的にコントロールをあきらめてしまうのです。ある意味、すべてが単純で簡単で、白黒がはっきりし、微妙な差異が見えなくなります。ある人が退行すると、その周りの人たちも問題を背負うことになりがちです。

退行が起きるのは一瞬のこともあれば、一生続くこともあります。**退行から脱却するに**

は、子ども時代は終わった、人生はもはやかつてのように危険ではないと、自分自身に思い出させることです。

大人は無人島で何十年も生き続けることができるので、軽んじられたり、虐げられたりしても、命の危険にはさらされません。大人は新たな選択肢があり、ほかにさまざまな対処法があるのです。適切な逃げ道や問題の解決策がまったく見つからないときは、専門家のサポートを求めることもできます。

第7章

不適切な自己防衛の戦略をとり除く

自己防衛の戦略をとっていることを当人が認識すると、その戦略はすぐに効力を失います。自己防衛の戦略は無意識のうちに実行されてこそ効力を発揮するからです。自己防衛の戦略で自分の目をくらまそうとしていると自覚した瞬間に、その戦略は効力を失うのです。

その後、痛みや喜びを感じる段階が訪れます。これは混乱や不快と結びついていることもあり、迷子になったような感覚に陥る人もいるかもしれません。

皆さんはこの本を読みながら、自分が自己防衛の戦略をとっていることに気づき、自身の痛みにいつの間にか寄り添っていることに気づくことでしょう。

自己防衛の戦略をとっている本人が最後までそのことに気づかないということもあります。そのため、自分が自分自身に対し何をしているか意識するようになるのには、ときに外からの助けが必要です。

セラピーで自己防衛の戦略に目を向ける

セラピー中、私はクライアントと一緒に、その人の人生の戦略に注目します。さらに私はしばしばクライアントに、セラピー中の会話をテープやビデオに記録するよう薦めます。私たちが自分自身を外から見る機会を得られるのは、素晴らしいことです。そのときの自分の行動がよいか悪いかを検討することができるからです。

このように注意力を高める手法は、セラピー以外の場で個人的に使うことも可能です。いつも同じ人と言い争いになっているのなら、その場面をビデオに録画して、その相手と後で一緒にビデオを見て研究するとよいでしょう。お互いに気づくことがあるはずです。

心理セラピーでは、クライアントが自分自身、また自己の内面とどう向き合っているのかに注目します。セラピストのなかには、自己防衛の戦略に特に焦点を当てている人もいます。そうでないセラピーであっても、より心に余裕ができ、自分自身について目が向けられるようになれば、自己防衛の戦略が力を失ったことに気づくことでしょう。

第2章に登場したマーチンが大人の男性になったとしましょう。彼は妻から完全にわかり合えないと不満を訴えられ、セラピーにやって来ました。

自己防衛の戦略に焦点を当てた形式のセラピーをするとしたら、そのセラピストは、マーチンがどんな形の自己防衛を用いているのか特定することに注力するでしょう。セラピストはマーチンに、そのセラピストの目に映っていることを伝えます。するとマーチンは自分の戦略に注目するようになり、自己防衛の戦略は効力を失うでしょう。

次の会話はセラピーの1コマです。ここでセラピストが行っているのは、自己防衛の戦略に大いに焦点を当てた、「短期力動精神療法（Intensive short-term dynamic psychotherapy）」という形式のセラピーです。

セラピスト（T）：今、あなたは何がしたいですか？

マーチン（M）：さあ、わかりません。

T：息を吸っていないようですが、気づいていますか？

（自分自身の呼吸を止めるのは、何かで痛みが生じるのを恐れるときに、私たちがしばしば無意識に用いる効果的な自己防衛の戦略です）

M：ああ、そうですね。（深く息を吸い、やる気なさそうに笑い出す）

T：笑っていますね？　今、何がしたいですか？
M：（目をそらす）
T：ご自分で目をそらしていることに気づいていますか？　あなたは今、何を感じているのですか？
M：（沈黙）
T：あなたは怒っていますか？
M：（沈黙）
T：怒っていますか？
M：たぶん。（目をそむける）

自己防衛の戦略が効力を失うとき、次に訪れるのが怒りの段階であることが多いことをセラピストは知っています。

セラピーの経過を見てくると、マーチンの怒りがどのようにして現れたのかがわかるでしょう。彼の自動的な自己防衛の戦略は明瞭化・言語化されることで、次第に効力を失っていきます。
続いてセラピストはマーチンに3つの要素について自分の怒りを言い表すよう求めます。この章の冒頭（P96）で紹介した、体にどんな変化が現れたのか、頭でどんなことを理解したのか、どんな衝動を感じたのか、という3つです。

T：今、この瞬間、何を感じていますか？
M：いら立ちです。
T：体でそれを感じることができますか？
M：脚の筋肉が緊張しています。
T：あなたの脚は今、何を望んでいますか？
M：私の右足は、あなたの椅子を蹴り倒したいと思っていることでしょう。（マーチンは姿勢を正し、深く息を吸い、セラピストをまっすぐに見つめました）
T：床に倒れた私はどんな顔をしていますか？
M：驚いています。（マーチンが満面の笑みを浮かべました。それまでセラピストの前

でこんな生き生きとした表情を見せたことはありませんでした)

セラピストの前で自分の本当の感情を感じ、受け入れ、表現しはじめたとき、マーチンには子ども時代の記憶がよみがえってきたようです。自己防衛の戦略を必要とした状況が突然、見えてきます。これらにきっちり光を当て、対処しなくてはなりません。強烈すぎる感情はどれも温かく迎えられ、受け入れられ、表現される必要があります。自分が大人であり、安心できる別の大人といる今、子どもの頃に抱えきれなかった感情を受け入れられるようになり、マーチンは大いに救われました。

自己防衛の戦略が発動しているときに、その戦略について指摘されるのは心地よいことではありません。そういうとき、クライアントはたいていひどく不愉快だと言います。正体を暴かれ、主導権を失い、何をするべきかわからない感じがするのです。

短期力動精神療法を受けたある人は、セラピー終了後にこう言いました。

「今まで味わったなかで最高かつ最悪の経験でした。最悪だったのは、途中、すっかり不安になり、自分を無力に感じたからです。最高だったのは、他人が私の心に寄り添おうとしてくれ、私を逃げさせず、そばにいてくれたことでした」

自己防衛の戦略をとり除くプロセスのなかで、周囲の人たちに向けられる防衛のメカニズムが表面に現れてきます。それはたいてい、セラピストに対して現れます。自己防衛の戦略の力が弱まると、クライアントはセラピストにいら立ちを覚えるかもしれません。どの感情が最初に現れるかは人それぞれですが、最も現れやすいのは怒りです。

さらにプロセスが進むにつれ、怒りの下にある層が現れるようになります。

自己防衛の戦略と直接向き合うことがすべての人に有効とは限りません。しかし、正しいタイミングでそれを行えば、大きな効果が上がるケースは確実にあります。

クライアント自身が自分のことを感じ理解する手助けをすることを重視する、慎重なタイプのセラピーのほうが合う人もいるでしょう。かさぶたの下の傷が十分に癒えると自然にかさぶたがとれるのと同じように、自己防衛の戦略も必要がなくなったら、自然と消えていきます。

私はクライアントに、自分の特定の考え方や態度が、心の奥の感情に距離を置こうとする自己防衛の戦略かもしれないと思わないか、慎重に尋ねることがあります。相手がはっきりとノーと答えれば、それ以上何も言いませんが、私は自分の考えが間違っているか、あるいはかさぶたの下の傷がまだ治っていないのではないかと考えます。

専門家の助けを必要とせず、自分自身の力やパートナーや友だちからの支援のみで不必要な自己防衛の戦略をとり除くことができる人もいます。しかしほとんどの場合は、セラピストなど専門家のサポートを受けるほうがよいでしょう。

サポートしてくれる人とは、一緒にいて安心できる人であり、悲しみが心に重くのしかかるときに自己肯定感や希望を与えてくれる人です。

自己防衛としてのいら立ちと怒り

いつの間にか自己防衛の戦略をとってしまっていると、それを指摘された人は、いら立ちや怒りの反応を示すものです。マーチンも自己防衛の戦略が希薄化しはじめたとき、セラピストに怒りを露わにしました。私たちの多くは、ほかの人から距離をつめられたとき、相手が差し出してくるのが、私たちが欲する心地よいものであっても、いら立ちもしくは怒りの反応を示すことがあります。

ヘッレというクライアントは、人間関係に常に不満を持っていました。ある日、彼女が不思議に思っていることを私に話してくれました。

彼女は知り合いの男性から、2人で会おうと何度も誘われ、毎回断ったそうです。自分でもなぜかわからないけれど、何かしらの理由で彼女は恐ろしいほど彼にイライラしたからです。私と一緒によく考えてみると、ヘッレはたとえば彼の態度に違和感を覚えるなど、自身のいら立ちの原因に気がつきはじめました。しかしそれらの原因のどれも、彼女が強い嫌悪感を抱く説明にはなりませんでした。

何度もセラピーを重ね、ようやく私たちは原因を突き止めました。彼女が昔避けた悲しみがよみがえってきて、その悲しみと徹底して向き合うことで、ヘッレは以前よりずっと他者からの関心を求める自身の欲求を受け入れられるようになりました。

そして例の男性へのいら立ちは消えました。実際にその後、彼女は彼と一緒にいたいと強く願うようになりました。それまで受けてきたよりもずっと温かで多くの思いやりを与えてくれると感じたからです。

愛着関係を失った悲しみや痛みを密かに抱えていると、思いやりを示されることで複合した反応が出てくるかもしれません。「忘れられた」痛みが現れてきて、思いやりによって癒され、やがて悲しみを感じるようになるといった反応です。

悲しみを感じるのが傷を癒すプロセスです。しかし私たちの心は潜在的に痛みを避けたがるので、多くの自己防衛の戦略を持とうとします。**自己防衛の戦略は自分自身が気づかないうちに悲しみをブロックし、体験すべき痛みから引き離し、痛みを自分の性格に統合**

させないようにします。

自己防衛の戦略は階層状になっています。一番上の層にあるのは外の世界に対する自己防衛に役立つ戦略で、そのすぐ下には怒りやいら立ちがあります。

怒りというのは内と外、両方から効率的に自分を守るための戦略です。怒りによりほかの人をシャットアウトし、追い払うことで外部から自分を守ります。また怒りは一番上の層にあるため、それを強く感じることで、無力感や悲しみといったほかの感情を感じなくて済みます。これが自分の内側に対する防衛戦略です。

そして怒りは、裏切られたとか不当に扱われたなどという感情に関連するさまざまな思考とともに容易に持続します。

怒りを内側に向かわせる傾向がある人は、挫折や後悔の周辺で思考をどうどうめぐりさせがちです。その思考とは、「あの人が違った対処をしてくれていたら、何もかもが今よりよくなっていたかもしれないのに」というように、自分を重苦しい気分にするような思考です。**内へ向かう怒りは、外へ向かう怒りと同じく無力感や悲しみといった、より繊細**

な感情を感じないようにする自己防衛戦略だといえます。

もしも読者の皆さんがこの本を読んでいて、いら立ちを感じるのであれば、あなた自身の自己防衛の戦略が明るみに出ようとしているのかもしれません。あなたはいら立ちを使って困惑や不快から自分を守ろうとしているのでしょう。それは、自己防衛の戦略を発見し、自分自身を解放する過程への最初の一歩なのです。

怒りは自己防衛の戦略の一番上の層にありはしても、目標ではありません。**怒りを隠す自己防衛の戦略が柔軟になり、それまでより怒りがはっきり感じられるようになって、非常に気持ちが楽になったという人もいます。**

そういう人たちは、自分たちが嫌なものは嫌と言い、自分たちのことをいたわるのがずっとうまくなったことに気がつきます。そしてようやく目的を果たしたという認識を得ることができます。

ところが怒りは途中駅のようなものです。ここで途中下車し、怒りを直接行動に移したくなるかもしれません。

自分の怒りに気づいたキャスパーは年老いた両親の家に行き、彼らの子育てについて自分が今どう思うか、また自分が彼らから精神的に傷つけられたと感じたときのことを、すべて話しました。一切合切ぶちまけ終えると、ほっとするのと同時に元気が出てきて、何年かぶりでやる気を取り戻しました。

怒りを行動に移すのは非常事態で生き延びるためにとられる方法であって、感情面で建設的なやり方ではありません。怒りを爆発させることで、肯定的な結果がもたらされることもあり、まったく怒りを表さないよりはよい結果となる場合もあります。もし許しを求めるのが上手なら、関係性が壊れても修復することができます。

とはいえ、すぐ行動に移すことなく、怒りを内に留めておくことができるのが、どんな人にとっても一番です。自身の心と向き合い、怒りに耐え、同時に受け手に対し思いやりとオープンさを持ち続けることができるようになるまでは、ほかの人を責め立てるのを待つのが最もよい方法です。

長い年月を経て、ようやくキャスパーは過去のことを両親の視点からとらえることができるようになったわけですが、両親は自分たちのしてきたことに気づいていませんから、キャスパーの告発を聞いて悲しみました。また、キャスパーの言い分を理解する手段も持ち合わせていませんでした。さらに激しく罵倒されるのを恐れるあまり、両親はそれから長らく彼を腫れもののように扱い、距離を置きました。

怒りを感じ、表現するのが最終目的ではありません。怒りのすぐ下にあることが多い悲しみと渇望に気づき、それらを表現することで、他者と近づき、つながるという、より大きな体験をすることができます。 それによって私たちは人生をさらによく味わうことができるのです。

悲しみと痛み

自己防衛の戦略やいら立ち、怒りの層の下には、悲しみと痛みがあります。恵まれない子ども時代を送った人たちだけに、それが当てはまると考える人もいます。でも完璧な親を持つ人などいません。誰しもが幼い時分、失望させられたり、愛されていないと感じたり、ひとりぼっちにされたりした経験を持つはずです。そして程度はさまざまですが、その痕跡は残っているのです。

マーチンとセラピストの会話を見ていきましょう。マーチンの怒りが爆発した後、しばらく時間が経っています。

T：今、体に何を感じますか?
M：喉に何かつかえているような感じがします。寒くて、悲しいです。
T：何か淋しい感じはありますか?
M：さあ。（目をそむける）
T：目をそむけていますね。何を感じているのですか?
M：虚しいんだ。
T：虚しさのなかに何がありますか?
M：（涙がこぼれ落ちる）

T：どうしてほしいですか？　今、あなたを喜ばせるために、私に言えること、してあげられることはありませんか？

M：俺を好きと言ってよ。（泣き出す）

その後、マーチンの頭に子ども時代の記憶がよみがえりました。マーチンは夕食のテーブルで、お母さんが笑顔を向けてくれる一瞬のチャンスを逃さないよう、顔をじっと見つめていたことを思い出しました。しかしお母さんはいつも心を閉ざし、上の空の表情でした。マーチンの心に、テーブルを離れるときの失望感や喪失感が残っています。

こうして彼は、かつての自分である小さくて用心深い男の子と今の自分を重ねることができました。必死に愛されようとしていたけれど、愛情や注目をほとんど与えられなかった小さな男の子。マーチンは愛情への渇望を感じはじめます。愛されなかった気持ちを再び味わうのは強烈な体験でしょう。特にそれが、人生の早い段階で強いつながりがあった人から愛されなかったという場合には。しかし、これが問題の核心であり、新たによみがえる生命力の源泉にもなるのです。

彼は子ども時代の自分に同情し、今や大人になった自分として、悲しみを感じはじめました。

自己防衛の戦略がとられなくなったとき、子ども時代の感情が元と同じ強さでよみがえってくることがあります。はじめ、悲しみに圧倒されたとき、彼はひどく不快でした。しかし、悲しみを受け入れ、心のスペースを悲しみに譲ったとき、悲しみと喜びが非常に近い関係にあること、また悲しみと喜びの両方で心を満たすことで、生きる意欲が湧いてくることに気づきました。

それは悲しみを受け入れられる余裕があるかどうかの問題です。悲しみを感じられるよう心のスペースを空け、悲しみを言葉で表現し、悲しみを統合するのです。そうすれば、悲しみは自分自身の一部となり、親密で安全な関係のなかで容易に悲しみを抱き、それを見せることができるようになるでしょう。

人生の不適切なパターンの多くは、悲しみや不快さを避ける試みから生まれます。

自己と寄り添うことは、人生で感じた悲しみや、出会った愛や愛の欠乏に寄り添うこと

でもあります。子ども時代やその後の人生で、愛や愛の欠乏と距離を置くと、ほかの人が自分のことを好きかどうか感じる自分自身の心とも距離を置くことになります。

セラピーに比較的長期間通ってきたシャロッテがこう言いました。

「私は今では相手が私のことを好きで一緒にいてくれているのか――それとも私と一緒にいることに関心があるだけなのか、判断できるようになりました。もしも後者であるなら、その人との関係に労力を割くのはやめ、自分自身をもっと大切にするようにします。

かつての私は自分に笑顔と手を差し伸べてくれる人なら誰彼構わず、心を開きました。誰かが私みたいなみじめな人間に親切にしてくれるのはありがたいことで、深く感謝しなければならないと思っていたからです。

子ども時代の体験を追体験した今、私は自分が以前は愛に恵まれた子どもだったことがわかります。心の触れ合いや温もりを欠いた環境で生きてきただけなのです。

こう認めることは、最初はあまりにも重すぎる感じでした。でも、私は安心感から涙を流しました。波が寄せては返すように気持ちは揺れ続けました。あるときは自分の新たな認識が明るい光に照らされているようにはっきりと見えますが、また次の瞬間、理解したばかりのことに疑いを抱くのでした。

その後、避けては通れない混沌と困惑の段階を泣きながら通過し、新しいアイデンティティを得て落ち着いています。その新しい土台から、他の人との関係に何を求め何を求めないかを決めることができるのです」

シャロッテの「私はみじめな人間だ」という思考は、彼女の心の奥底に子どもの頃からあり、どんなにポジティブに考えようとしても、この思考にとりつかれ、一定期間、うつになってしまうのでした。

その思考は実は、愛情が欠乏していると感じるのを避けるため、子ども時代からとってきた自己防衛の役割を担う機能だったのです。シャロッテは自身の子ども時代の現実を目の当たりにし、それに対する自身の感情的反応に対処できるようになってはじめて、このしつこい思考から解放され、大人の女性として自己の現実を生きるのに必要な新たな自己理解にたどり着けました。

自己防衛の戦略から抜け出すとき、いくら現在ではそれが損よりも得をもたらすものであっても、必ずしも幸福を感じるとは限りません。はじめの段階では、自分が傷つきやすく、危険にさらされていると感じるでしょう。しかし同時に、生きている実感を強く感じることができると思います。

よくも悪くも、人間関係をよりはっきりと感じることができるようになります。その後、うまくいった人間関係にはより大きな満足感と喜びを覚え、何かしらの理由で親しくなれない人との関係については痛みを感じやすくなったと言う人もいます。

自らの痛みを受け入れ、同時にほかの人と良好で親密な関係を築けてはじめて、人生を肯定されたと強く感じることができるのです。

ウッラという女性は次のように話してくれました。

「深い悲しみで心がいっぱいになったのに逃げ出そうと思わなかったとき、はじめて私はセラピストに勇気を出して連絡しました。完全に新しい道が開けました。私は不安になると同時に生きていると強く感じました。この人生で何を得ることができるのかについての可能性が広がったと感じ、希望と意欲がぐんぐん湧いてきました」

自身の痛みや他者との間に距離を置くことに、信じられないほど多くのエネルギーを費やしている人がたくさんいます。痛みを引き受け、悲しみや渇望を感じることを自分に許せば、もっと自由になることができます。

愛への渇望

私たちは生まれながらに他者と親密な関係を築く能力を備えています。鳥が本能的に巣作りできるように、生まれたばかりの赤ん坊は愛着関係を築くのに必要な能力を備えています。

父親と母親はそれぞれの歴史を持っています。2人は別々の家庭で育ち、社会的、生物学的性質をよくも悪くもその家族から引き継ぎます。養育者が心に深刻なトラウマを抱えていると、子どもと愛着を築く上で問題が生じることになります。

子どもはやがて何かを強く渇望して生きることになります。その何かが必ず存在することを本能的に察知するのですが、はっきりとしたイメージは持てません。

前の項に出てきたシャロッテは、ずいぶん前から何度も何度も繰り返し見てきた夢が何を意味するのか、突然気がつきました。その夢は簡単に言うとこういう内容です。彼女は命の危険にさらされていて、受話器を握り助けを呼ぼうとします。ところが彼女が押したい番号がキーパッドの上にありません！　受話器を握りしめて立ちつくし、絶望の涙を流しながらもなんとか連絡をとろうとしているところでいつも目覚めるのでした。

その夢には子ども時代、また大人になってからも何度も感じてきた孤独と絶望が表れていました。

シャロッテの母は精神面で深刻な問題を抱えていて、母娘が良好な心の交流をはかれるのは、ほんの一瞬だけでした。その瞬間がいつ訪れるかも予測不能だったのです。シャロッテは大人になると、弱い男性に手を差し伸べるうちに恋に落ちるというパターンを繰返しました。相手の男性がひどく孤独で、彼女による心の支えを必要としているものと毎回思ってきました。ところが心の支えになろうとすればするほど、相手は離れていきます。そして毎回、最後にはシャロッテが絶望し、涙するのです。

セラピーの過程でシャロッテは、本当に孤独なのは男性を助けようとしていた自分自身だと気づきました。彼女は自分自身の孤独や強い渇望を男性に投影し、それらが特別に強まる状況を避けることで、自分を守ろうとしていたのでした。彼女は長い間、特定の愛の歌を聴くことができず、友人に恋人ができると距離を置くのでした。

シャロッテの孤独と愛への渇望は、皮膚のすぐ下に潜んでいました。彼女は長い間、それらをまっすぐ見つめることも、自分自身の反応を感じることもあまりできなかったのですが、ある日、それらを強く体感しました。それらを目の当たりにしたことで、彼女は逃げないことを学びました。

同時に彼女は自分に欠乏しているものを探し続けました。自らのパターンに気づいた彼女は、母親と自分の関係を見つめ直し、自身の孤独と渇望を受け入れるようになりました。すると、耐えられなかった愛の歌や恋人のいる友人を避ける必要がなくなったのです。そして、彼女の人生に別のタイプの男性が登場するようになりました。

愛情への飢えを感じない人もいます。そういう人は感情面で貧しい人生で満足し、よりよい人生を望むのをあきらめる傾向があります。そういう人たちは過度な食事、睡眠、娯楽その他に依存し続けることで自身をあざむくこともあります。ところがこのような人たちの夢や空想にも、愛への渇望が表れることがあります。または情緒豊かな人生を生きる人たちへの嫉妬や軽蔑といった形で愛への渇望が表れることもあります。

渇望を感じられる人は――それは痛みを伴いますが――感じられない人よりも、自分に欠けているものを手に入れやすいのです。

両親への見方を変える

両親と自分自身について現実的な見方をするようになったということは、内側の自己に取り組む心理的作業のプロセスに入ったということです。これは長い期間を要します。両親をどの程度まで批判的に見るのがよいのかは、その親子関係次第です。

自身の両親を理想視して生きてきたのであれば、現実に気づくことが大切です。その理想像は粉々になり、価値が逆転するでしょう。両親を現実よりもよく見るのは、実際よりも悪く見るのと同じ罠にとらわれているのです。

たとえばマリアはしょっちゅう「お父さんとお母さんは何もかもを与えてくれた」と言っていました。ところが両親の理想像が砕けたとき、すべてが逆転したのです。そして逆に両親のことを、よいものを何も与えてくれなかった人たちと見なすようになりました。

しかし数か月経つと彼女はバランス感を取り戻し、両親が実際には彼女を純粋で利己的なところのないやり方で支えていてくれたという物語を再び作り上げたのです。

この新たな認識を両親に話すのは、マリアが世界を新たな視点でとらえられるようになるまで待ったほうがよい、というセラピストの忠告に従いました。

もう1つの例はソフィーです。彼女は母親からの扱いに悪意があるわけではないと完全に認識していました。彼女は母親自身が社会的・生物学的遺伝の犠牲者であると知っていたのです。それでも理想が砕け散ると、失望に打ちひしがれました。

彼女は母親にだまされていたと感じました。母親について、また彼女自身の怒りについて同時に理解しようとするのは困難なことでした。

母親と顔を突き合わせていると大きな怒りとフラストレーションが湧き、過度なストレスが心にのしかかるので、母親との連絡はメールでのやり取りに留めました。

長期間のセラピーを終えたソフィーは、自身の失望と悲しみを受け入れられるようになりました。彼女は母親と再び、大人として冷静に向き合えるようになっています。また次第に、母親も自分とよい関係を築こうと努めてきたのだと認められるだけのエネルギーも蓄えました。

最善のケースでは、親への見方が変わると、まったく新しく以前よりずっと平等な関係が親子の間に生まれます。

最悪のケースでは、両親は子どもたちからそれまでと違ったふうにとらえられることに耐えられず、関係が悪化し、接触を断つのが両者にとって最良の選択となってしまうこともあります。

しかし、以上の両極端のケースの中間の道もたくさんあります。関係は悪いがそれでも完全にあきらめる気にはならないなら、年に2回、2時間ほど会う程度に留めておくのが適切な方法であったりするのです。

両親への見方を変えるのは、2つの道を行ったり来たりしながら、ようやくバランスを見つける奥深いプロセスです。1つの道は、両親を実際よりよく見ること。もう1つの道は実際より悪く見ることです。

自分自身についても同じことがいえます。自分自身を素晴らしい人格と見なす時期もあれば、自分自身を敗北者と見なす時期もあるでしょう。パートナーへの見方も自分自身への見方によって変動します。相手にとって自分は素晴らしすぎる、不釣り合いだから別れて自由に生きたいと思う時期もあれば、自分などは相手の期待に添うことはできないと思い、棄てられるのではないかという恐怖に圧倒されてしまう時期もあります。

よい人生を歩むには、バランスをとることです。そしてバランスをとるには、ある程度の心の余裕が必要です。ときには、意味がわからなくてもいいので、まず心に余裕を持たなければいけません。そしてバランスをとるために真ん中に足場を定めるには、自分の短所と長所を共に受け入れるのを恐れないことです。

第8章
本来の自分に戻る

「正しさ」から外れることへの恐れが強くなりすぎると、社会性という仮面は柔軟さを失ってしまいます。仮面が固まってしまい、外せなくなってしまう人もいます。

社会性という仮面を外す

社会性の仮面の下の素顔が見たければ、通り過ぎるバスをのぞいてみましょう。運がよければ、観察されているとも知らずに気をゆるめ、窓の外を見ている乗客がいると思います。その人はたぶん非常にリラックスしていて、ひょっとしたら、口をぼうっと開けているかもしれません。しかし誰かに話しかけられた途端、すぐに顔を引き締め、社会性のマスクを再びつけ、笑顔を浮かべるでしょう。

社会的な場所に行くときにつけられる社会性の仮面があるのはよいことです。外を歩いているとき、完全に無防備な表情を見せるのは配慮に欠けた態度です。問題なのは、その人自身がマスクをつけているのか外しているのかわからなかったり、ごく近しい人の前でもマスクを外せなかったりするときです。

あるクライアントは次のように話してくれました。

「私は長年、恋人が隣に寝ていると眠れませんでした。完全に表情をゆるめることができなかったのです。そんなある日セラピーに行った私は、自分が何を恐れているのかを知りました。私は夜中目覚めた恋人に、寝ているところを見られるのを恐れていたのです。人は笑顔のままで眠りに落ち、そのまま一晩中笑顔でいることなどできません。私は眠っているときに醜い顔になり、表情をコントロールできないために恋人から距離を置かれ、棄てられるのではないかと恐れていたのです」

ありのままの表情を見せるのは、よい人間関係を築く近道であり、相手もありのままの表情を見せてくれるようになります。リラックスし、心を開いたあなたの表情を見た相手の表情もゆるみます。にこにこした表情を見れば、たとえ嬉しくなくても、自然と笑みが溢れるものです。

しかし、笑顔というのは、その本人も笑顔を向けられた相手も、両方が自己を感じるのを妨げるものでもあります。たとえば、相手が常ににこにこしていると、嫌な気分だと言い出しにくくなりますよね。

笑顔はその人の本心を表すものというよりマスクであって、ときに自己防衛の戦略に用いられます。延々と続くおしゃべりにも同じことがいえます。ずっとしゃべり続けている相手と心を通わせるのは非常に困難です。一方、両者が会話の途中に休憩を挟み、社会性のマスクを外し、十分アイコンタクトし合えば、親密さを感じ、楽しい気持ちが湧いてきます。

生き甲斐を感じられるような自分らしい真の人生を送るには、正しく、よく、賢くあるための闘いや、ほかの人と自分自身の目に自分がどう映っていたいのかという葛藤から離れなくてはなりません。また何か特定のものになろうとするのではなく、今の自分を受け入れなくてはなりません。「私は私だ」という考え方は、優れた基本姿勢になります。その姿勢が、自分自身の心の奥深くにある感情や願望、渇望に触れ、それらを探る心の余裕を生み出します。そうすることで、自分自身を内側から感じられるようになるのです。

自分自身でいることを選ぶと他者と出会うことができる

私たちが自分のことを見つめ、はっきり理解するためには、無意識に自動化された自己防衛の戦略を発動させるべきではありません。それらの戦略は私たちの視界をぼやけさせ、自分たちの内面と他の人たちのことを知覚するのを妨げます。

自分らしくいようという選択は、自分自身の内面の現実を受け入れ、自分自身に寄り添うよう努力しようと決心することです。たとえ自分自身もしくはほかの人の理想に応えることができなかったとしても。

人生で最も重要なことの多くに私たちが決定権を持っていないのは、仕方がないことです。自分らしくあろうとするのは、人生をコントロールしようとするのをやめ、流れに身を任せるための予行演習でもあります。

人生は変化に富んでいますし、私たち自身も常に変化します。現在関わりのある人たちとも、いつか別れる日が来ます。悲しみと喜びの間を振り子のように行ったり来たりするのが人生です。

自分らしくあることを受け入れられる人は、現在この瞬間に感じていることに基づいて行動することができます。かつて自分が感じていたことや恐れていたことによってコントロールされる必要はないのです。

今を生きることで、他者と出会うことができます。真実の出会いを今まさに体験するには、双方が自分らしくいる必要があります。

真実の出会いがなくても、一緒にいることはできます。たとえばモノを消費するようにして他者と一緒にいることもできるのです。

私たちは他者を暇つぶしや娯楽、情報源として、また自分を認めてくれる存在として等々、とにかく自分に役立つものとして利用したいのかもしれません。

人はモノを使うかのように、他人を使うことができます。テレビをつけて娯楽番組を観る代わりに、友人に電話して噂話を楽しむことができます。誰もが真実の出会いに関心があるかどうかはわかりません。深い交流をするエネルギーが今はない人もいるでしょうし、他者の内面にあまり興味がない人もいるでしょう。

私たちがこんなふうにときどき互いを利用するのは、いけないことではありません。私たちが自分自身や他者と四六時中完全な交流をしなければならないとしたら、人生はあまりに苦しいものとなるでしょう。

とはいえ、消費型の付き合いが唯一のやり方になってしまうと、あるいは私たち自身がそのことについて認識していないと、人生の質は下がってしまいます。


真実の出会いにおいて、議題は決まっていません。特定の目的も、そこから得るべきことも、相手を利用する必要もないのです。真実の出会いにおいては、人は瞬間、瞬間で相手と向き合います。何が起きるかは予測不能で、出会いによって自分が変化するリスクもあります。

「私たちは同じことを感じているね」「同じことを知っているね」と強く感じる瞬間があるかもしれません。


愛されていると感じることは、自分のありのままの姿が見られ受け入れられていると感

じることです。人を愛するということは、自分自身と他者の両方を見、調整し、受け入れることなのです。

「真実の人生を形作るのはすべて出会いだ」とユダヤ人哲学者、マルティン・ブーバーは言いました。私たちは自分が真に生きていると感じられるような質の高い出会いがいつ訪れるか、計画することも決めることもできません。

しかし、その前提条件を作り出すことはできます。そしてそれこそが、自分の自己防衛の戦略を調べ、自分自身に寄り添う選択をするときに、私たちが行っていることです。そうすることで、人間関係に新たな可能性が生まれ、すべてがより単純になります。

「よい」人間であるための闘いを避ける

「よい」人間であるためにたくさんのエネルギーを費やしてきた人の場合、「よい」というのが「愛されているという確信を持てるほど十分によい」という意味であるのなら、リングにタオルを投げ込んで不可能な計画から降りるのは困難です。特に長年、そのリングに立ってきたなら、なおさらです。

このことは、これから死ぬまでずっと価値が上がり続けると保証された株に莫大なお金を投資するのに似ています。希望を失いかけたら、さらに投資しなければなりません。

個人の財布から企業へのお金の流れ（エネルギーの流れ）を止める選択をする日がくれば、誤った投資をしたことに気づくでしょう。無駄にしてきた人生に悲しみが湧き上がるかもしれません。一方で、不可能がいつか可能になるという希望を持ち、投資を続けることで、不愉快な真実や悲しみを避けることができます。

自分の人生の指針としてきた戦略やルールが望み通りの結果をもたらしたことはなく、これからも決してもたらさないだろうという認識は、ショッキングで、強烈です。満足のいく人生の過ごし方がほかにあるという発見のみが、悲しみを解き放ちます。この悲しみは同時に、より満足のいく人生やより大きな喜びにつながるのです。

アンネは若くして子どもを産み、主婦になる選択をしました。主婦としての人生は退屈で孤独ですが、1日に8時間も人のなかにいるのに絶対に耐えられないと思ったのです。

35歳のとき、経済的な理由からはじめて働きに出なくてはならなくなったとき、彼女は人のなかにいることで元気になっている自分に気づき、それまでほとんど感じたことのないような高揚を覚えました。

15年間、家事と育児に専念してきた彼女にとって、仕事に行くことで今までよりずっと楽しい気分になるという新たな認識を受け入れるのは容易ではありませんでした。彼女は自分を守るため、しばらくの間、その事実を疑いました。彼女は自分にこう言い聞かせたのです。

「仕事が面白くて楽しいのははじめのうちだけよ。目新しいからそう感じるだけ」

ところが次第に、自分はちゃんと仕事に行け、働くことで新たなエネルギーを得ることができ、子どもたちのためにもなっているという認識が生まれたのでした。

15年間の孤独な日々の悲しみを、新たな喜びがようやく上回ったのです。

この例のように、最初は悲しみが喜びを上回ることがよくあります。悲しむのが得意でない人や人生で悲しみを避けてきた人は、古いパターンに戻ろうとしたり、新たな喜びを疑って抑えつけたり、なかったことにしようとしたりするかもしれません。

だから多くの人たちが古いパターンや時代遅れの戦略に固執することになり、危機に陥るなど成長の機会に幸運にも遭遇してはじめて解放され、自由になるのだと私は思うのです。

避けてきたり対処してこなかったりした大きな悲しみを抱えている人は、PTSD（心的外傷後ストレス障害）の人がトラウマを追体験するときのように、新たな悲しみを感じやすいかもしれません。

幸い現在では、過去のトラウマに対処し自分自身や人生の不安定さを受け入れられるようになるために専門家の支援を得ることができます。

もしも悲しみと喜びの両方がある、覚醒した人生を生きたいのであれば、手放すのがうまくならなくてはなりません。今つながっている人たちやモノに別れを告げるのです。そうすれば新たな人やモノを受け入れることができるでしょう。

人生は変化していくものです。私たちは出会い、絆を作ります。私たちは別れ、自分自身を解放することで、新たな人間関係を築きます。

人生には涙もあれば、笑いもあります。人生で最も大きな喜びもしくは最も深い悲しみを呼び起こす可能性があることのほとんどは、私たちにはどうにもできないことばかり。しかし、手放し、自分を解放するのがうまくなれば、人生の苦難にうまく備えることができるのです。

危機は次のステップに到達した証

ある人にとって当然だった現実や自己理解に疑問が湧いたとき、一種の危機が訪れます。アンナは、思っていたよりもずっと夫が彼女のことを気遣ってくれていて、夫に対し彼女が抱いていたネガティブなイメージは、むしろ彼より彼女自身を表しているのだと気づきました。その瞬間、彼女の足元が崩れるような感覚があり、しばらくの間、それまで思っていたことや信じていたことすべてを疑っていました。彼女はそのことを深い水のなかにいるようだと形容し、自分自身を新たにとらえられるようになるまでに数か月かかりました。

アンナはのちにこう語っています。

「自己防衛の戦略をとっていると認識する以前のほうが、今より自信がありました。当時私は、自分がうまくやれていると思っており、唯一の懸案事項といえば、ひどく面倒で一緒にいたくない人としょっちゅう出会ってしまうことでした。その原因が実は自分自身だと気づいたとき、まったく不愉快になりました」

自分自身のことを認識する以前のほうが、人生を生きやすく感じられることもあります。しかし、同時にそういう人生は貧しくもあります。なぜなら自分のことを理解できていなければいないほど、人間関係の質が下がるからです。

自分のことも他人のこともはっきり見えていなければ、厄介な問題が幾度となく生まれ、対人関係において相手を理解し、相手から理解されるのが難しくなります。そして自分自身のことを感じ、理解できていなければいないほど、生きているという実感は乏しくなります。

人生を変える痛み
――私たちが自分自身の内面に近づくとき

命に関わる病を患っている人が、どうして人生を一新し、ポジティブな方向に変えていけるのかについて、いろいろと説明ができるでしょう。

そういう人たちは、しばしばこう叫びます。

「どうしてもっと早く、こういう変化が私や私の周囲の人たちの人生により多くの喜びをもたらすと気づかなかったのだろう?」

その要因の1つは、私たちが習慣に毒された生きものであるからかもしれません。大きな圧力にさらされない限り、私たちは慣れていて安心な同じ道を歩き続けようとします。

不適切な自己防衛の戦略から抜け出して現実に近づくことは、深刻な病気と同じ効果をもたらすかもしれません。私たちは自分が変わるということに不安と同時に魅力を感じます。私たちは痛みがあるレベルまで強まってはじめて、安全で快適な習慣を脱し、何か新しいことに乗り出せるのです。

ドーテは自身の現実に気づいたとき、彼女がそれまで一度も愛情に満ちた人間関係に深く入り込もうと勇気を出したことがなかったために、人生で最も素晴らしいもののいくつかを逃してしまったことを、深いレベルで理解しました。

そして彼女が軌道修正するために使える時間は限られているのは確かでした。人生の中盤はすでに過ぎていたからです。この考えは彼女をパニックに陥れ、大きな悲しみに沈ませました。

彼女は抗うつ剤を服用してようやく、人生を変えるエネルギーを絞り出すことができました。そして彼女はそれまでずっと絶対にしないと誓ってきたことをしました。

それは出会い系サイトにプロフィールを投稿することでした。

ここでドーテは、パートナー候補に対して自分が何を提供できるのか、何を提供したいのか、そして何より彼女自身の望みは何なのかを言葉にすることで、人間として成長できることに気がつきました。その後、彼女はデートするのは面白く、心が弾むことだと自分が感じていることに気がつきました。セラピーを終えたとき、彼女にはまだ恋人は見つかっていませんでしたが、大事な男友達はできました。

スサンネはこれまでの人生でいつも、内側の自分自身よりも三歩前のちょうどよい距離を保ってきました。

彼女は少し先に、あるいは明日、もしくは来年、何が起きるかということを常に心配してきました。彼女の頭は計画と、それらをすべて遂行したらどんなによい結果が出るかという考えでいっぱいでした。

そのような自己防衛をやめたとき、彼女は人生の痛みをありのままに感じられるようになりました。彼女は過去十年以上、夫との間に親密さを感じてきませんでした。なぜなら彼女は夫に対して怒っていたからです。その怒りの理由が今ようやくわかりました。自分自身の人生に耐えられないから、夫に対して怒っていたのです。

現実を目の当たりにしたスサンネは、長年にわたって自分が愛をなおざりにし、夫に関係ない事柄やどうにもできない事柄に関して夫を責め続けてきたことに、深い悲しみを覚えました。その悲しみはほとんどうつに近いものでした。

彼女は数人の友人から、あまりネガティブに考えず、ポジティブなことに意識を集中させるようアドバイスをもらいました。しかし実際には、彼女は今のほうがこれまでよりずっと現実的に物事を考え、現実に寄り添えるようになったのです。

彼女は悲しみのなかで夫に手を差し伸べ、彼から示される思いやりを留保なしに、まったく新しいものとして受け入れることができました。

古いパターンを変えたいという意欲は、生きてこなかった人生についての痛みと不満から生まれます。私たちが過剰な食事や娯楽、睡眠、麻薬などの自己防衛の戦略によって不快を紛らすのをやめると、意欲は増し、私たちは自分が変わらなくてはならないことに気づくのです。

不必要な自己防衛の戦略をとることをやめるのは、新たな人生のはじまりなのです。最初の一歩は、自分自身に意識を向け、人生の戦略を検討し、それぞれの戦略が私たちの人生をよくするのに役に立つか、あるいはそれらの戦略が私たちの知識を覆い隠したり人間関係を混乱させたりしないかどうかを調べることです。

意識することで前進できる

私たち全員が溌剌《はつらつ》としているわけでも、愛のある人間関係を育んでいるわけでもないとしたら、それは多くの人が自分自身との距離あるいは他の人との距離を縮めるのが得意ではないからです。

自分自身も他の人もすぐ近くからはっきりと見ることができるようになると、質の高い出会いがそこから生まれます。

自己防衛の戦略という迷路から抜け出す道は、気づくことです。私たちが自分自身の内面に意識を向けずにいればいるほど、現実に何が起きているのかよくわからないうちに、いろいろな事柄に翻弄されてしまうでしょう。

無意識に自己防衛の戦略をとることがあると知るだけでも、私たちの意識は高まり、自分自身の戦略に目を向ける能力が増します。

自身の内面への関心は、ほとんどの人は子どもの頃にはあまり持っていませんが、大人になって自分自身のなかに育てることができます。

同じパターンに陥って抜け出せなくなる前に、私たちは自身の戦略を調べ、そのうちのいくつかを有利になるよう調整したり、あるいはとり除いたりできます。

オープンで偏見のない、愛情に満ちた気づきと自己への関心を持てば、私たちは心を広くし、人生の多様性を心のなかに持つことができます。

そしてこの心の広さと自分らしくある勇気を持つことで、他の人たちに対してもオープンで寛容な見方ができるようになるでしょう。

そのような一人ひとりの取り組みが、私たちが自分自身の生命力を感じ、他者と愛でつながるため、まず何より必要な前提となるのです。

参考文献

＊日本語訳がある文献

『我と汝・対話』マルティン・ブーバー　みすず書房（２０１４年）

『自我と無意識の関係』Ｃ・Ｇ・ユング　人文書院（２０１７年）

『死にいたる病』セーレン・キルケゴール　筑摩書房（１９９６年）

『不安の概念』キェルケゴール　岩波書店（１９７９年）

『魂の殺人』Ａ・ミラー　新曜社（１９８３年）

『鈍感な世界に生きる敏感な人たち』イルセ・サン　ディスカヴァー・トゥエンティワン（２０１６年）

『パーソナリティ障害の認知療法』ジェフリー・Ｅ・ヤング　金剛出版（２００９年）

『フロイト全集19巻　１９２５―28年　否定　制止、症状、不安　素人分析の問題』より『制止、症状、不安』フロイト　岩波書店（２０１０年）

＊デンマーク語の文献

Davidsen-Nielsen, Marianne and Nini Leick:Den nødvendige smerte. Gyldendal Akademisk 2004

Davidsen-Nielsen, Marianne:Bøandt løver. T leve med en livstruende sygdom. Hans Reitzel 2010

Falk, Bent: At være der, hvor du er. Nyt Nordisk Forlag Arnold Busck 1996

Falk, Bent:Kærlighedens pris I & II. Anis 2005

Falk, Bent:I virkeligheden. Anis 2006

Sand, Ilse:Find nye veje. Ammentorp 2011

Toustrup, Jørn:Autentisk nærvær i psykoterapi og i livet. Dansk Psykologisk Forlag 2006

＊英語の文献

Della Selva, Patricia Coughlin:Intensive Short-Term Dynamic Psychotherapy: Theory And Technique Synopsis. Karnac Books 2004

Hart, Susan: Brain, Attachment, Personality:An introduction to Neuro-Affective Development. Karnac Books 2008

O'toole, Donna:Aarvy Aardvark Finds Hope: A Read Aloud Story for People of All Ages About Loving and Losing, Friendship and Hope. Compassion Books 1988

Yalom, Irvin D:Existential Psychotherapy, Basic Books 1980

Habib Davanloo: Basic principles and techniques in Short-term Dynamic Psychotherapy. Spectrum Publications 1978

謝辞

私が短期力動精神療法を学ばせていただいたゲシュタルト分析研究所の所長で、心理学博士のニルス・ホフマイアーと、ゲシュタルト療法を学ばせてくださった心理セラピスト、デンマーク心理セラピスト協会会員、神学博士のベント・ファルクに感謝します。

これまで牧師館や実際のセラピーや講演などの場でお会いした皆さん、自身の考えや感情を私と共有してくれたすべての方たちにも感謝します。なかでもこの本にご自身の体験を載せるのを許可してくださった方々にお礼申し上げます。

また原稿を通読し、フィードバックをくださった皆さんにも感謝します。皆さんのチェックがなかったら、このような本にはならなかったでしょう。またここでマーチン・ホーストロップ、ヤネット・セリシエ・リンゴー、イェンス・ラスムセン、クリスティーネ・サン、ピア・スカドヘーゼの名も挙げたいと思います。あなた方はそれぞれがそれぞれの形で、この本に寄与してくださいました。

ディスカヴァー
携書
234

「親しい関係からなぜか離れたい」がなくなる本
喪失や悲しみから心を守る「自己防衛の戦略」の功罪

発行日　2021年12月25日　第1刷

Author　イルセ・サン
Translator　枇谷玲子
Illustrator　植岡恵美
Book Designer　上坊菜々子

Publication　株式会社ディスカヴァー・トゥエンティワン
〒102-0093　東京都千代田区平河町2-16-1 平河町森タワー11F
TEL　03-3237-8321（代表）　03-3237-8345（営業）
FAX　03-3237-8323
https://d21.co.jp/

Publisher　谷口奈緒美
Editor　大竹朝子　小石亜季

Store Sales Company　安永智洋　伊東佑真　榊原僚　佐藤昌幸　古矢薫　青木翔平
青木涼馬　井筒浩　小田木もも　越智佳南子　小山怜那　川本寛子
佐竹祐哉　佐藤淳基　佐々木玲奈　副島杏南　高橋雛乃　滝口景太郎
竹内大貴　辰巳佳衣　津野主揮　野村美空　羽地夕夏　廣内悠理
松ノ下直輝　宮田有利子　山中麻吏　井澤徳子　石橋佐知子　伊藤香
葛目美枝子　鈴木洋子　畑野衣見　藤井かおり　藤井多穂子
町田加奈子

EPublishing Company　三輪真也　小田孝文　飯田智樹　川島理　中島俊平　松原史与志
磯部隆　大崎双葉　岡本雄太郎　越野志絵良　斎藤悠人　庄司知世
中西花　西川なつか　野﨑竜海　野中保奈美　三角真穂　八木眸
高原未来子　中澤泰宏　伊藤由美　俵敬子

Product Company　大山聡子　大竹朝子　小関勝則　千葉正幸　原典宏　藤田浩芳
榎本明日香　倉田華　志摩麻衣　舘瑞恵　橋本莉奈　牧野類
三谷祐一　元木優子　安永姫菜　渡辺基志　小石亜季

Business Solution Company
蛯原昇　早水真吾　志摩晃司　野村美紀　林秀樹　南健一　村尾純司

Corporate Design Group　森谷真一　大星多聞　堀部直人　村松伸哉　井上竜之介　王廰
奥田千晶　佐藤サラ圭　杉田彰子　田中亜紀　福永友紀　山田諭志
池田望　石光まゆ子　齋藤朋子　竹村あゆみ　福田章平　丸山香織
宮崎陽子　阿知波淳平　伊藤花笑　伊藤沙恵　岩城萌花　岩淵瞭
内堀瑞穂　遠藤文香　王玮祎　大野真里菜　大場美範　小田日和
加藤沙葵　金子瑞実　河北美汐　吉川由莉　菊地美恵　工藤奈津子
黒野有花　小林雅治　坂上めぐみ　佐瀬遥香　鈴木あさひ　関紗也乃
高田彩菜　瀧山響子　田澤愛実　田中真悠　田山礼真　玉井里奈
鶴岡蒼也　道玄萌　富永啓　中島魁星　永田健太　夏山千穂　原千晶
平池輝　日吉理咲　星明里　峯岸美有　森脇隆登

DTP　株式会社RUHIA
Printing　共同印刷株式会社

ISBN978-4-7993-2813-2

携書ロゴ：長坂勇司
携書フォーマット：石間　淳

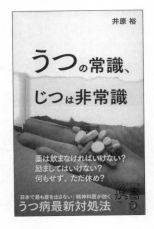